超越生死

李連杰尋找李連杰

Beyond Life And Death

Jet Li looking for Jet Li

目次

第一階段：一九九七年—二〇〇三年——47

第二階段：二〇〇四年—二〇一〇年——94

第二輯　修行筆記

追求快樂——198

【推薦序】

英勇的武術形象、嶄新的佛教形象

宗薩欽哲仁波切

我第一次見到李連杰是在四十年前一個電影院的銀幕上，我相信那是他十八九歲或二十出頭的時候。銀幕上的男孩是中國少林寺大乘大師的弟子，他那深邃和善的眼神烙印在我心中很長一段時間。多年後，當我實際遇見之前只在電影銀幕上看過的人時，那同樣深邃和善的眼眸在現實生活中又再現了。

《少林寺》成為喜馬拉雅山區最廣受觀看和談論的其中一部電影，尤其是年輕僧人，他們一遍又一遍地觀看。這有很多原因。那時人們對中國的了解是既稀缺又非常扭曲，喜馬拉雅地區的人們尤其如此。我自己的發現是，中國也許是唯一一個不斷大規模護持佛教並在各方面都深受佛教影響的國家，遠遠超越佛教在其發源地印度的歷史，只不過起步時間較晚而已。因此，看到這部電影中的武術修行反映出令身心同步的佛教核心修持，實在令人著迷。

我認為這部電影如此受到喜馬拉雅地區人民，尤其是僧人歡迎的另一個原因是，當時佛教苦於一種古老、落後、甚至原始的形象。特別是在維持著敬重佛法等外在象徵的傳統佛教社會中，大多數時候佛教仍然被視為一種關於祈禱、禪修和苦行，主要適合僧侶的宗教。在年輕人心中，成為佛教徒肯定毫無令人興奮之處，成為出家人則更是如此。此外，當時社會正面臨著唯物主義的蓬勃發展，以及因為教會學校等等而迅速改信基督教的變動。在這種相當消沉的氛圍中，突然在佛教場景和至今仍備受尊崇的少林寺傳承中出現了這一嶄新的佛教形象——不是嚴格素食禪修的形象，而是勇敢大膽的武術形象。少林寺的功夫佛教不僅令喜馬拉雅地區的年輕人感到振奮，更是讓年輕僧侶有了可以向寒假返家的兄弟姐妹吹噓的談資，因為這些手足正不斷被父母送去教會學校且他們心中認為佛教相較於這些教會學校是多麼的落後。

在佛教中，我們知道沒有任何事情是隨機發生的，也不是由至高無上的造物主所造成。相反，一切都是因緣的結果，而其中最主要的原因便是心。由於這些因緣可以被操縱，所以它們也可以被栽種。因此，作為佛教徒，我可以看見這部《少林寺》電影可能在李連杰的心中埋下了某個種子，因為當我再度見到他時，那是在我觀看那部電影多年以後，他已經成為釋迦牟尼佛的虔誠追隨者。他還是許多地區諸多偉大佛教大師的熱心弟子，並深摯關切偉大的中國道家智慧傳統與中國武術的命運。事實上，我自己就從李連杰那裡了解到，武術不僅僅是武術，也是一條完整的精神之道。

在與李連杰建立了私人關係並時而與他見面後，我也觀察到他看待生活的方式，他是如何熱心幫助有需要的人，以及他如何在現代世界撫育孩子。在這一切中，我清楚見到靈性修持的價值觀已經深深融入到這個人的生命中。

如今我們生活的世界已經痴迷於唯物主義、個人主義、追求名聲和關注以及懼怕成為不受歡迎的人。這個世界的某些地方並不總是這樣——像中國、印度等地，數百年來都有自己看待生活的方式，是他們自己對現實的理解。通過那個棱鏡觀看世界，他們創造了出色的文化產物——從日常食物、時尚、家庭治理到偉大的藝術、音樂、文學作品，乃至明智公正的領導典範。由於許多不同原因，那種深奧領悟逐漸衰退，而這些偉大文明開始崇敬、珍惜和採用自己祖先所不知道的新的生活方式。更可悲的是，他們甚至更迅速地貶損自己思維和看待世界的方式是陳舊落後的。

幸運的是，現在有些人——包括少數幾個受到數十萬甚至數百萬同胞所尊重的富有影響力的人——正在展示其古老民族價值觀所蘊含的巨大價值。通過言語和行動，他們勇敢地超越有形可見的事物來看待生命，他們指出深奧內心世界的力量，那是他們的祖先及其歷史所熟悉的世界。如果這種勇氣和領會的珍稀典範沒有被公開慶賀，至少我們年輕一代中許多崇拜這些英雄的人應該對他們產生好奇心。這就是為何我現在十分歡迎這部記述李連杰佛法生活的著作，希望這本書至少能讓我們重新燃起探索心靈世界的興趣——這是一個比我們的睫毛更接近自己的世界，但可悲的是，它卻離我們的日常生活越來越遠。

【推薦序】

反璞歸真，探索生命真相

慈誠羅珠堪布仁波切

李連杰先生是一位非常虔誠的佛教徒，並且是一位認真踏實的修行者。

我與李先生的緣分，源於其前一位上師羅貢桑仁波切（Lho Kunzang Rinpoche）——一位擁有甚深覺悟與禪定境界的成就者。由於他們二人之間語言不通，溝通存在障礙，仁波切打電話委託我擔任李先生的修心指導師，我沒有拒絕仁波切的要求。

二〇〇五年二月二日，我們在上海機場第一次見面，之後在其家中小住了幾天。在此期間每天都會聊有關佛法的內容。在閒談中我發現，李先生不但三觀很正，對佛法理解也很到位，學佛的動機也非常好。確認他是真心想修行之後，我在心裡為他擬定了一個漫長的修行計畫。然而，他會願意一切重新從零開始嗎？要讓他接受這個計畫，對我來說有一定挑戰。因為像他這樣一位國際知名人士，學佛時間又不短，通常而言是會有傲慢之心的。但我必須得這麼做，若要真修實幹就別無選擇。

當時他正在修某本尊的生起次第法，他將整個過程陳述了一遍給我聽，程序上沒有問題。他問我：「我學了這麼多，還有必要從頭學嗎？」「你不需要從頭學，但需要從頭修。」我回答。

經過善巧溝通之後，他接受了我提出的方案。先修四加行（人身難得、壽命無常等）培養出離心，再修五加行。我為他口傳了每一個加行之後，他都認認真真地去修，最終圓滿修完所有加行。

李先生的求法之旅也是一波三折，相當不易。

二〇〇五年，我安排他到亞青寺的阿秋上師（Akhyuk Rinpoche）那裡求大圓滿灌頂。因為高原反應很嚴重，這一趟求法差點讓他丟了性命，求法也未能如願。我又推薦了幾位上師，首選是宗薩仁波切的父親聽列諾布仁波切（Thinley Norbu Rinpoche），但沒來得及灌頂上師就圓寂了，因此這計畫落空了。其次是一百多歲的賈札仁波切（Chatral Sangye Dorje Rinpoche），但他也圓寂了。直到二〇一六年，在寧瑪派上師揚唐仁波切（Yangthang Rinpoche）那裡終於得到了大圓滿灌頂。

二〇一四年，距我們的修行計畫已過去十年，我建議李先生到靜處閉關修行。我把他送到一個沒有電、沒有手機信號的原始森林中的某閉關處，讓他在此處打坐，每修完一個法，再一對一口傳下一個修法。雖然條件嚴苛，但他都堅持下來了。在此之後的一段時間，每年他都來這裡閉關。

二〇一七年我到新加坡講課，順道到他家裡繼續口傳下一個修法。此時他太太也跟他一起修行，他們把家裡的幾間房屋布置成禪堂雅室，每天都精進地打坐修行。

我十分欣賞和佩服他多年來對修行的不懈努力和堅持。時光匆匆，轉眼又一個十年即將過去。在將近二十年的時間裡，我們把李先生引領到大圓滿最高智慧的殿堂門口，門需要他自己進，希望他能順利登堂入室，盡覽巔頂風光。

作為一位深具社會影響力的名人，這本書敘述了他在經歷過世間繁華以及生死考驗之後，返璞歸真，探尋生命真相的心路歷程。他的發現也許對您會有所啟發，在此推薦給大家。

慈誠羅珠堪布

二〇二三年八月

【推薦序】

我觀察到他修行的深化與盛綻

詠給明就仁波切

當我年少的時候，我和哥哥措尼仁波切（Tsoknyi Rinpoche）一起觀賞了李連杰的第一部電影《少林寺》（1982）。這部電影的背景是一所座落在山間的寺院。這樣的場景讓我們想起了喜馬拉雅山脈，一處我們家族所熟悉的地方。這部影片有許多武打場面，既緊張刺激又充滿驚喜。我們從未見過少林功夫，它著實令人著迷。李連杰扮演的主角，是一位誠實、堅毅，且充滿正義感的人。經過心靈與體魄的鍛鍊，這位內心充滿忿恨與報復心的年輕人，長成了一位受人尊重的師長。這給我們兩人留下了深刻的印象。

這對李連杰來說，也是一個具開創性的時期。在拍攝《少林寺》的期間，他在寺裡遇到一位老和尚，老和尚告訴他，他與佛有緣，並建議他出家為僧。當時，他的導演鼓勵他繼續演藝事業，但這段經歷已在他的心裡播下了佛法的種子。多年後，在他成就了名利，以及建立美好的家庭之後，他開始意識到缺少了些甚麼。他的生活迷人且完美，但他還是覺得少了些什麼，而這些缺失的東西對追尋恆久幸福來說是不可或缺的。一九九七年，他在香港遇到了他的第一位上師——羅貢桑仁波切，這激發了他想要修行的動力，並引領他初次接觸到佛陀的教法。

二〇一〇年，我有機會在李連杰位於新加坡的家中首次見到他。身為世界聞名的巨星，他外在的表現並不驕傲，相反地，他散發出一種鮮活而充滿好奇心的內在幸福。他為人謙虛、善良而且腳踏實地。他是一個有智慧的人。雖然他有過禪修練習，並且有許多來自不同傳承與背景的禪修上師，他仍問我是否願意教他禪修與密續的修持。他對來自西藏傳統的不分教派修行方法很感興趣。多年下來，我們已經變成了在法道上互相支持的朋友，我也觀察到他修行上的深化與盛綻。正如他作為一位演員，努力地在鏡頭前詮釋許多不同的角色一般，他也做了許多努力，去揭示與指認出他的自心本性。

李連杰喜歡鑽研的天性使他成為一位非常認真的佛法弟子，而且他對於法教也很精進地投入。《超越生死》讀起來就像是一本引人入勝且輕鬆的回憶錄。透過他對自己私人與電影生活的深刻敘述，他分享了甚深的存在問題、佛法的經驗、影響他一生的上師們，還有走遍亞洲轉化自心的朝聖之旅。特別是他與《金剛經》的相遇，幫助他探索以及斷除幻相。然而，二〇〇四年的一次經驗，當他和家人經歷了一次瀕臨死亡的經歷——印度洋地震和襲擊南亞的海嘯——他對生與死的認知被打破了。這使他踏上了自我反省與布施的旅程，並促使他創辦了中國的非政府組織「壹基金」，主要支持救災與其他的慈善計畫。

幾年後，又經歷了一次被診斷出罹患嚴重且使人虛弱的疾病經歷，他才認知到，自己對佛法只有理論上的深刻理解，但卻缺乏甚深的實修經驗。他反省自己創辦壹基金的發心，並瞭解到那可能不是全然無私的。這成了他重新修行的契機。在我開始為期四年的流浪閉關之前，他參加了我所教授的一些活動與閉關。當我離開時，他繼續與許多上師一起深入修行，其中包括我的上師泰錫度仁波切（Tai Situ Rinpoche，大司徒仁波切）。從那時起，我和李連杰有一些經常的會面。他來到尼泊爾朝聖，以及花時間領受教法，並致力於閉關。隨著二〇二〇年新冠疫情（COVID-19）的爆發，他開始了他有史以來最長的閉關，直至二〇二二年。所有的這些人生經歷與佛法的教理，對他產生了深遠且具轉化性的影響，形塑了他對生、死，以及與他人互動的看法。

本書的一個獨特之處，是李連杰與讀者分享的問題與反思。透過許多上師的觀念與見解，李連杰分享了他自己的經驗，以及對修行與內在幸福的不分教派的獨到見解。他深入探索了由攫取與執著所掌控的心之陷阱，研究如何在這個複雜的世界裡，管理內在與外在的平衡。他分享了在法道上的困惑、挑戰、挫折和喜悅，以及一路上所湧現的慈悲與智慧。本書所穿插的引人入勝的故事和教示，無論是對於那些新進才接觸禪修的人，或是那些皈依佛、法、僧數十年的人，都有所幫助。祈願本書、它的故事以及教示，能大大饒益無數的眾生，並幫助消除世間若干痛苦。

二〇二三年七月

【自序】
分享珍貴的旅程

李連杰

轉眼間，我即將邁向六十歲了。

曾經有些朋友或是國內外的出版社找上我，希望我寫回憶錄，將我的故事向大眾分享，我始終沒有同意。想想，在東西方歷史上，有那麼多輝煌的人物，我們至今能記得幾位？在地球上，甚或是宇宙裡，我們是如此微小，我的故事又算得了什麼？過去已經過去，未來尚未發生，正如佛陀在《金剛經》中所說：「過去心不可得，現在心不可得，未來心不可得」，似乎沒有理由多費筆墨來贅述我個人的生命軌跡。

過去三年裡，COVID-19 疫情席捲全球，加之天災與戰爭不斷，有上百萬人因此死亡，我可以感受到他們身為親屬的痛苦。在這個充滿災難、戰爭、經濟衰退的時刻，我很希望能做些努力。

當我與上師明就仁波切（Mingyur Rinpoche）討論這些苦難時，上師鼓勵我，不妨將我這二十五年來追求超越生死的歷程分享出來。所以，我改變了當初不願出書的想法，希望藉此幫助有緣的朋友，經由佛法，從不同的角度看待生命，減少煩惱與痛苦，獲得更多的快樂。

這二十五年來，我不論是在俗世的生活、電影工作、慈善事業，或是求學佛法的歷程中，都曾遭遇種種的問題與困難。為人兒女有其痛苦，為人父母也有其痛苦，這場生命的意義在哪裡？到底有沒有輪迴？而我又是誰？

時移事往，回首我曾走過的路，檢視我曾問過的問題，都可能是正在賜覽本書的你可能會遭逢的課題。如果我的經驗與思考，能夠提供你任何的幫助或借鑑，那正是我書寫與分享的原因。

今年有機會陪小女兒走訪美國與歐洲學習佛法，恰好碰到經紀公司的朋友，他告訴我，如今在社群媒體上仍有許多影迷，關心著我的動向。

我察看了Facebook上的兩千九百多萬追蹤者分布，過半是十八到三十四歲的年輕朋友，而我已經十餘年沒有電影代表作，亦即這些年輕朋友在我活躍於影壇時，也才五歲左右；我原以為，會記得我的影迷，大約是在二〇〇〇年時約十五歲的人，亦即現年約三十五歲以上的朋友。溯及最初，若是一九八二年看過我第一部成名電影《少林寺》的影迷，當年若四十歲，如今應是八十歲，當年若十歲，如今也有五十歲了。

對於這些認識與不認識的朋友，我充滿了感恩，謝謝你們依然關心我，所以，請讓我用我的方法與各位分享，這些年來我的經歷以及我的追尋，凡此種種，都是我最珍貴的經驗，我誠摯地希望，您也能更廣闊地去瞭解相對世界與究竟世界中的真相。

這些年來，我深受藏地古聖、吟遊詩人、一位真正心靈自由的勇士——密勒日巴尊者（Milarepa）的啟發。密勒日巴尊者曾經懷恨而殺害許多眾生，但他經歷了偉大的佛法修行，最終可以成佛，相比我所做過的小壞事，我應該也有機會去超越生死吧？

密勒日巴尊者的生平故事固然精彩，但最動人靈魂的，不是他個別故事中的跌宕情節，而是他一以貫之、窮盡洪荒之力的求道勇氣。

願您我都有這樣勇氣。

李連杰

二〇二二年九月蓮花生大士殊勝日於新加坡

第一輯

追尋佛法的二十五年

Beyond Life And Death

Jet Li looking for Jet Li

一九九七年以前

我是誰?

我姓李,名連杰,法號覺遠,道號天緣。

身為一個電影工作者,我的中文名字「李連杰」為人所知,這個名字來自父母的恩賜。有趣的是,我的英文名字Jet Li,為何選「Jet」這個字?並非出於自己的安排,到底是誰取的名字?至今我也不清楚。一九八二年,我演出的第一部電影《少林寺》成名,電影在菲律賓上映前,需要一個英文名字,若將我的中文名字英譯，可能會翻譯成「Lianjie Li」，當時的宣傳團隊覺得「Lianjie」太長，決定取用與「杰」字諧音的「Jet」，就此沿用至今。

我在電影《少林寺》中，飾演一位名為「覺遠」的少年武僧，於是「覺遠」也成了我的代表名字。一九八〇年代，因為學習道教的關係，有位老師另給了我一個道號「天緣」。一九八七年，某次機會和金庸先生還有我的一位阿姨共餐，阿姨認為成功立業必須有名有字，她說：「因為你從小父親辭世，缺剛陽之氣，所以要有『陽』字，至於另一個字就讓金庸起吧。」兩週後，金庸先生決定給我「中」字，於是「陽中」就成了我的字。

一九九八年，我在臺灣宣傳好萊塢電影《致命武器4》（*Lethal Weapon 4*）時，皈依了藏傳佛教，正式成為佛弟子，師父羅貢桑仁波切給我的藏文法名念作「沃珠多傑」（Ngodrub Dorje），中譯為「成就金剛」。二〇〇三年，我首次前往印度朝聖，當大寶法王（Karmapa，噶瑪巴）為我皈依授戒時，以「慈悲之子」賜名，藏音念作「噶瑪寧杰布」（Karma Nyingjei Bu）。二〇一六年初，我有幸從年邁的揚唐仁波切座前接受灌頂，他給我的藏文名字念作「勾阿恰車」（Go-nga Jadral），中文直譯是「五門離世」，白話的意思是「眼耳鼻舌身等五識，都脫離世俗」。最後，二〇二二年，當我陪著女兒在歐美學習佛法時，我跟她成了同學，陪她一起在明就仁波切座下皈依，我得到一個藏音念作「噶瑪貝瑪洛卓」（Karma Pema Lodro）的法名，意義是「蓮花智慧」。

從李連杰、Jet Li、覺遠、天緣、李陽中，直到第四個藏文法名噶瑪貝瑪洛卓，我在不同的場合有不同的名字，不同的人對我有不同的稱呼，然而，哪一個是我？我又是誰？這些名字各有其意義，哪個是代表我的符號？或是我需要去符合的標籤呢？

如果我只有此生，在滿足生理的需求之後，豐足的「名、利、權、情」應該可以提供心理的快樂與滿足吧？我也應該可以藉此免受生、老、病、死、貪執、嗔恨、嫉妒、矇騙等精神上的痛苦吧？但事實不然。

如果我不只有此生，而是有前生與來世，那麼我的自我實現與超越，要以何為基準呢？我是誰？我要如何超越自己？又如何超越生與死呢？凡此種種，皆是我不斷思考的課題。

帶著這些問題，我要尋找答案。

對武術的反思

「功夫」二字，可能是大多數人對我的第一印象，這個印象可能來自我在電影作品中的表現，或者與電影相關的廣告或報導。

我從八歲開始習武，進入武術學校，青少年時期是專業運動員。一九七五年到一九七九年，我連續得到五年的全中國武術大賽冠軍，因此得以在中外的舞臺上展演，進而有機緣獲選為電影明星，自此開展了一連串人生歷程。

從武術運動員轉而從影的時候，曾有人批評我「不務正業」，於是引發了我的反思：難道只有當運動員才是武術的正途嗎？

武術的起源，來自人類原始的生存需求。在史前時代，人類為了抵禦野獸攻擊，或是為了獵取肉食、皮毛等資源而與動物搏鬥。若目標是大型動物，人類則開始聚集圍攻，自此衍生出技術與武器等。到了人類建立部落社會，或侵略、或抵禦，目標可能不只有動物，還有其他部落的人，軍事於焉產生，這是冷兵器時代的開始。

在這個過程中，人類用武的技術，就不只有生存的需求，也開始以此追尋快樂，例如將武術作為慶祝的行為，具有娛樂乃至儀式的性質。隨著人類社會的發展，武術就更趨多樣，直到近代熱兵器發明之後，有火槍與火砲，這些技術造成更大規模的殺傷毀滅；在戰爭中，熱兵器取代了冷兵器的主要位置，而武術逐漸演變成了體育行為。像是體育競賽中的格鬥、標槍、射箭、擊劍等，這就脫離了殺傷性的武術，而衍生出幾個類別：運動的武術、表演的武術、強身的武術，與格鬥的武術。

若論武術巧妙的精神層次，我認為第一個階段是「人劍合一」，即是人與武器合一，這在技術層次來說，已然登峰造極。第二個階段是「手中無劍，心中有劍」，這是指不需要以武力行動來制止格鬥，就如外交辭令與手段。第三個階段是「手中無劍，心中無劍」，這就是宇宙的博愛；如果你愛所有的人，那就不存在攻防。

年少的我喜愛思考，也經常思考，在反思武術的演變過程中，人類的精神世界究竟有什麼樣的改變呢？史前人類為了生存，以武術抵禦或獵殺動物，時至今日，人類依然為了生存，以武術專業謀生，運動員如此，電影演員也是如此，縱然形式改變了，但生存的目的沒有變。

以內心來說，幾千年下來，人類精神世界的改變不大，基本欲求幾乎相同，都是為了健康快樂的生存。歷史如鏡，可以鑒往知來，武術的發展歷程如是，人類其他面向的歷史亦復如是。

人類在精神世界中，不論古往今來，對於名聲、利益、權力、情愛的欲望沒有改變，對於生活、衰老、病痛、死亡的恐懼也沒有稍減，這些思考在我尚未接觸佛法之時已然成形，也是我進一步進行抽象哲學思考的基礎。

像太極一樣思考

在習武的過程中，為了在技術上與精神上自我充實，我也學了道家的太極，這是中國思想史上的重要學說，也是我生命中第一個相遇的哲學體系。

太極兩儀圖很常見，幾乎是中國文化或是道家的代表符號。這個圖以圓構成外圍，中間由一條曲線將圓分成左右兩半，一半黑、一半白，黑者為陰，白者為陽，在黑的那一半中，有一個白點，在白的那一半中，有一個黑點，表示陰中有陽，陽中有陰。太極兩儀圖有非常深邃的意涵，它告訴我們，在任何一半裡，都有陰陽兩個元素，沒有絕對的黑，也不存在絕對的白，而且太極是轉動的，不是靜止的，它隨時都在變化。在中國古代的文獻《繫辭傳》裡頭記載：「一陰一陽之謂道」，道，就是宇宙運行的法則。

根據太極提供的哲學觀點，萬事萬物沒有百分百，沒有絕對的好，也沒有絕對的壞；我們想要抓住的「永恆」，在我們已知的世界裡並不存在，任何事物都是相對的。瞭解「相對的真相」非常重要，否則我們會被固有的、單一的、獨立的、永恆的思惟限制住。

自從我在美國好萊塢發展電影事業之後，許多採訪者喜歡以最高級的問句向我提問，諸如：「李先生，您『最』喜歡什麼食物？」對我來說，這種問題不容易回答，因為當我以太極的相對概念來思考，就不存在「最」如何的事物。基於本心，我可能會這樣回覆：「在我十歲的時候，我喜歡玩具車，也喜歡吃冰淇淋，但是到了青少年的時候，就改變了。」我的心中沒有「最」愛什麼，因為我知道這會變化，如同太極的思惟一樣。

太極的相對思惟模式，陪我度過許多時日，我瞭解到，在這世間眼見的一切都是相對且循環的，所有的判斷與評價也是相對存在，這讓我在為人處事上，都有穩定的判準。

雖然太極的相對思惟幫助我在世間穩定行走，也排解了我心中的許多窒礙，但當我到一九九〇年代、電影事業具有盛名時，即便已達到一定的名利權情，我仍有困頓的感覺。雖然我的成就已到了幼時難以想像的地步，但也發現人外有人，天外有天。

一九八〇年，我拍攝第一部成名電影《少林寺》時，片酬是一天一塊錢人民幣，對比在一九九〇年代港片時期，已不可同日而語，但即便如此，我當時的待遇上比好萊塢知名影星，仍屬末流。若跨行業思考，我以摔斷胳臂摔斷腿的代價在電影事業中謀生，比起全球性投資的富豪所得，那更是九牛一毛。但若論人生的痛苦，諸如失敗的挫折、弱勢的徬徨、虧損的焦慮、背叛的忿怒，我與富豪們相比，只有數字規模的不同，而沒有程度上的差別，那麼世間的攀比，何時是盡頭呢？

太極相對的思考，能維持我在同一個程度內的平穩，但是我無法超越到無極，於是我只好暫時放下這些，專注於電影事業，日後才在佛教中找到解方。

最初的佛緣

一九八二年上映的《少林寺》是我的第一部電影作品。擔綱主角——少林武僧「覺遠」。這部電影推出之後，在亞洲造成轟動，中國累積超過一億元票房（當年的電影票價是一張票一毛錢），日本票房超過四十億，韓國票房則超過五十億。

那個年代的電影工業技術不如現在發達，布景很受限制，也沒有電腦特效，假如冬天的外景沒有拍完，則需來年再拍。一九八〇年，《少林寺》劇組需要拍攝大殿的景，但是少林寺的大殿建築尚未修繕，我們便移到浙江天台山的國清寺拍攝。國清寺是千年古蹟，也是天台宗的祖寺，建築維護得很好。

當年國清寺的方丈和尚很嚴格，即便我們是作客拍電影，他也要求我們全員學三天的佛門儀表與規矩，諸如怎麼排班列隊進佛堂、怎麼拿香、怎麼上供、怎麼磕頭等，這也幫助了我更能進入「覺遠」這個少年和尚的角色。

我們一幫飾演少林武僧的演員有三十多人，唯獨我被國清寺的方丈詢問：「孩子啊，你與佛有緣，要不要就此出家呢？」這個詢問可嚇了導演一大跳，電影才拍了一半呢，怎麼可以出家？我則是對方丈一笑，從沒想過出家這回事。

電影劇情中，有一段是描述一群少年武僧誤食了肉而懺悔不已，劇中的方丈對他們開示：「酒肉穿腸過，佛祖心中留」，沒想到電影上映之後，這兩句台詞竟然蔚為流行，甚至到今天都還有人提起。多年後，我跟該片的編劇聊，才知道這兩句臺詞的靈感是來自濟公的傳說，原文是：「酒肉穿腸過，佛祖心中留。世人若學我，如同進魔道。」為了效果，電影台詞只引用了前兩句，殊不知變成了許多人吃肉喝酒的藉口，真是令人莞爾。

一九八一年，電影拍攝告一段落，我被召回準備武術比賽。當時的我一旦做回運動員，電影生涯可能從此中斷，但礙於組織規範，我也不可能不受召比賽，唯一的辦法就是因傷退賽。所以，我開始日夜執著，希望自己受傷。後來在練習時，真的發生了很嚴重的傷害，醫生幫我申請三級殘廢的證明，並宣告我日後無法繼續運動生涯。不用回去當運動員，是我所企盼的，但同時，醫生也宣告，我不能再勉強拍攝武打電影了。

一九八二年，《少林寺》推出之後非常賣座，忽然之間，我成為家喻戶曉的電影明星，很多人要找我簽名，也有很多採訪邀約，看似輝煌的電影生涯才要開始，但我似乎因傷已與電影絕緣。

人生的繁華與消沉同時而來，我紛亂的心難以安定。朋友約好帶我去僻靜處郊遊，我們前往北京的古剎潭柘寺，這是北京數一數二的老佛寺，俗諺說：「先有潭柘後有京」，我就住在潭柘寺裡，距離北京鬧區一個多小時車程，寺裡清淨幽雅，沒有任何打擾。每天看著寺裡的僧人做早課，一邊思考生命。年輕的我，在佛寺裡獲得一處安全且舒適的角落休息，感到非常平靜。

我當時無意成為虔誠的佛弟子，但對於佛法環境帶來心靈的庇蔭由衷感恩。由於體會過這分寧靜，所以很希望像這樣的精神空間得以永續，當有朋友在一九八四年詢問我，是否願意參贊北京的藏傳古寺雍和宮重修時，作為在北京成長的子弟，我很歡喜地贊助，期待這樣的平安幸福能擴及更多的人。

西藏天珠

很多朋友接觸宗教的動機是為了解決現世的難題，而這些人與宗教的第一次接觸，往往又是具體的知識交流，我與藏傳文化相遇的路徑，大致也是如此；我的難題是因為拍電影而不斷受傷，朋友提供給我一知半解、模模糊糊的建議是配戴西藏天珠。

一九八一年摔斷腿之後，我的每一部電影作品，包括後續的少林寺系列，黃飛鴻系列、方世玉系列（乃至更後來的好萊塢動作片），都是右腳綑緊了繃帶上場拍攝的。即便做了預防工作，我還是不斷地受傷：拍第一部電影時摔斷腿，拍第二部電影頸椎錯位，拍第三部電影腰椎錯位，拍第四部電影鼻子被打斷，拍第六部電影則摔斷手，拍攝《黃飛鴻》又摔斷了左腳，只要一拍電影就會受傷，斷胳膊斷腿，這些傷害帶來了巨大的陰影。

一九九四年，有位朋友建議我去找西藏天珠，說是可以保平安，我心中不置可否，只問：「真的假的？」朋友強調：「真的！」看他這麼篤定，甚至列舉了些因為戴天珠而倖免於難的例子，我也好奇了起來。

天珠的神奇效力是否真的能讓我不再出意外？如果真的有效，那我得試試！於是我央請電影團隊的美術指導陳顧方女士幫我留意，哪裡有賣這種「西藏天珠」？

一段時間過去，同事發現有藏人在某間店寄賣天珠，請我過去看看。我第一次看到天珠，是一個名為「雙天地」的珠子，圓為天、方為地，紋路很美。開口詢價，居然要價十萬港幣！我不懂這個領域，所以很仔細地問，老闆殷切地拿出幾本臺灣出版的天珠圖錄為我介紹。這間店兼賣書籍，他們將書借給我，也答應幫我留下珠子。

我將書帶回家看，越看越有興趣，書本從宗教的角度解釋、從歷史文物的角度解釋、也旁及世界各大博物館的典藏品，琳瑯滿目，我實在不忍釋手，自此，我到香港的各大書店採購，將當時市面上的相關書籍全都買回來讀。

做了幾個月的功課，我再度回到那間店，流連忘返。還在猶豫是否購買，一時竟錯過了開會時間。當時我在香港合作電影事業的向華強先生的夫人打電話來催，要我即刻回去開會。

我跟她抱歉地說：「我正在店裡猶豫，有個喜歡的天珠貴得買不下手，但做了幾個月功課，不買又怕錯過。」

向太太眼見我這個從不遲到的電影主角，竟然為此物踟躕不定，乾脆直接請店主聽電話，她豪氣地交代：「請你讓李連杰把珠子帶走，稍後我去付錢！」

於是我得到了生命中的第一個天珠，心裡真是高興極了！後來又有一次機會，讓我看見了喜歡的天珠，於是便這樣故技重施。

每次聽到這個著迷於天珠的電影主角，又在店家裡看貨不歸，向太太便一個接一個地買了相送，只求我乖乖回來開會或拍戲。

我犯起貪念，就這樣從向太太手上得到了好幾顆珍貴的天珠！

第一階段：一九九七年—二〇〇三年

一九九七年的轉折

從一九九〇年到一九九七年，我已經賺到人生的第一桶金，即便如此，眼前的現實與過去的想像還是有很大的差別，我沒有因此解脫事業與生活的煩惱，我無法就此高枕無憂。

一九九七是特別的一年，整個亞洲捲入金融風暴，各式貨幣與股票狂跌，各國的經濟受到嚴重的打擊。忽然間，整個電影工業也似乎停滯了；以往是電影還沒開拍，資金就已經到齊，但今非昔比，盛況不再。大環境的壓力迫使我思考：「就算我賺到了第一桶金，然後呢？」

從小就覺得應該要賺錢養家，有了錢才有安全感，但是如今我有了錢，卻仍舊沒有安全感，物質的保證不復存在。看看別人，沒錢的人很痛苦，有錢的人一樣也很痛苦，如果我繼續拍戲賺錢，到頭來一樣是這般痛苦，豈不白走一遭了？

在接觸西藏天珠的過程中，也初識了一些藏傳佛教的知識，知道佛法似乎是幫助眾生離苦得樂的方法，教主釋迦牟尼佛曾經是印度王子，擁有世間最好的名利權情，因為無法超脫生老病死而走上修道之路。

如果佛法對於解決人生的苦真的這麼有效，那應該值得嘗試看看！我又想，兩千餘年來，佛陀有那麼多的追隨者——其中不乏學者、知識分子與王公貴族，他們總不會都是傻子吧！總不會是盲目地追隨一個沒有好處的宗教吧！

我想，我得瞭解佛陀對於人生痛苦的解決辦法是什麼？

同樣是一九九七年，曾幫我找到天珠店家的陳顧方女士，看我的身體仍是經歷病痛，於是建議我到藏傳佛教中心索取一些甘露丸服用。我一時聽不懂什麼是「甘露丸」，問了才知道，這是一種以穀粉及藏藥為底，加上一些佛教聖物，經過大型法會與加持儀式製成的小藥丸，咸信對身心健康很有幫助。

由於我一生病痛不斷，聽到有這樣的東西，寧可信其有，於是擇日拜訪了香港的一處藏傳佛法中心。

我走進中心，見到約有十餘位喇嘛正在念經，念誦過程中，也間或敲打與吹奏樂器。雖不懂他們所做的儀式，但我對於這裡的陳設擺飾感到非常親切。我向中心執事求取了兩份甘露丸，離開前，在門口聽著喇嘛們的唱誦出神，覺得這樣的吟唱很優美，有種難以言喻的熟悉感。即便我向來不在人多的地方停留，那個當下，這一切吸引住我，我就坐在中心的門口聽了一個多小時。

年底，陳顧方女士跟我說，有位西藏的仁波切來到香港，推薦我去看看。我問什麼是「仁波切」？她說是轉世再來的佛法大師，也有的人稱為活佛，而且這位羅貢桑仁波切還是一位知名的藏醫呢！藏醫跟中醫都是傳統醫學，但藏醫結合了佛法，醫病又醫心。

我在好奇心的驅使下，很希望藏傳佛教能為我帶來好處，所以安排前往。

初次拜見藏傳佛教的仁波切，什麼規矩都不懂，人家要我準備一條白絹卡達（Kha Ta）與一個金額隨意的紅包作為獻禮，我就照辦，但這個紅包要包多少錢呢？我想，既然今天是來看病的，香港看病不便宜，那就包一千元吧。與我同行的司機也準備了一樣的獻禮，只不過他的紅包袋裡只裝了十元。

一進門，見到許多喇嘛在場，那位藏醫仁波切也在。旁人指引禮節，說見了仁波切要跪拜磕頭，我聽了心裡一愣：「我只給父母下跪的啊，連指導武術的師父我都不跪呢！」在腦中飛快地思考折衷方式，心想鞠躬總行了吧？還沒彎下腰，那位仁波切就將我拉過去，以他的額頭碰我的額頭。一陣慌亂中，我只想這應是西藏的文化禮俗。多年後才知道，這樣的碰額是特別的加持，只有平輩相論，或是很親近的師生才會如此。

仁波切的預言

我跟這位藏醫羅貢桑仁波切談起身體狀況，特別是我長年的胃疾，他表示願意醫治看看。

他請人取了一塊磚頭，將磚頭燒熱後用布包起來，敷在我的胃上。我患胃疾已十餘年，這樣的熱敷我也做過，雖然當下感到舒服，但通常只有短暫的效果，現在他改拿一塊熱磚頭來敷，不知道有何差異？仁波切細心地解釋，以往我用水袋熱敷，但水袋易冷，而烤熱磚頭的溫度維持綿長穩定，更為有效。當下我確實感到非常舒適，仁波切同時也開了藏藥，囑咐我按時服用。

診治結束後，我上前供養事先準備的紅包，仁波切要我交給侍者喇嘛，只見喇嘛端了個竹簍過來，讓我把紅包放入，與我同行的司機也將紅包放入，之後喇嘛將竹簍擱置一邊。

見此情況，我心中犯起嘀咕：「那個紅包我可是特別包了一千元啊，就這樣全部混在一起？你們之後怎麼區別哪一個是我李連杰的呢？」

那個當下，仁波切與喇嘛不在乎那滿竹簍的供養，倒是我執著起供養出去的一個紅包。接著，我想預約下一次看診，話還沒問出口，仁波切就說：「我想去你們家。」我想，這週末不工作，倒真是可以相約我家。

到了約定當日，我以為仁波切至多帶兩個侍者喇嘛同行，但他竟然帶了約莫十位喇嘛，扛著大鼓，抬著一對藏式的長號，拿著嗩吶、鐃鈸等樂器出現！我家忽然出現這一幫喇嘛，他們架起佛壇，一會兒要五種顏色的布，一會兒要五種顏色的穀物，一會兒要五種藥材，因為沒有翻譯，我們雙方僅用些中文單詞，加上比手劃腳溝通，還要打電話請朋友幫忙在外採購，真是忙不過來。

他們要的東西準備妥當，仁波切與喇嘛就坐，開始以低沉飛快的藏文吟唱，接著他們將剛剛採辦來的材料從佛壇拿起，逐一丟入火堆裡燒掉。我不明就裡，心想怎地就這樣燒掉呢？後來，我才知道那是一場名為「煙供」的法會。

儀式完成後，仁波切再次診治我的胃疾，並將他們帶來的兩尊佛像送給我。仁波切以非常有限的中文說，那尊男性樣貌的佛像叫做「蓮花生大士」，又稱「蓮師」，他在藏傳佛教中是「很大很大的」。另一尊女性樣貌的佛像叫做「綠度母」，是「觀世音菩薩的眼淚」。

那是我第一次認識蓮師，他是坐姿，左胦靠著一支兵器，我看像把長槍，他的名字中有「蓮」，與我的名字「連」同音，這讓我感到親切。此前在佛教的菩薩裡，我對觀音菩薩與文殊師利菩薩最有印象，正因為文殊菩薩高舉一把劍，所以讓練武的我格外熟悉。仁波切指導我跟太太念誦蓮花生大士咒與綠度母咒，他說若專心一意地持誦，能獲得佛菩薩的庇佑。

仁波切臨走前望著我，指著我鼻子上的痣說：「我幫你，把這個拿掉。」我問怎麼拿掉？他說：「用火燒。」我聽了著實一嚇，趕緊說：「我可以去醫院點掉，但為什麼要這麼做呢？」仁波切說：「拿掉之後，你就去美國拍電影啦！」我聽了這個沒來由的回答，覺得一頭霧水，心想這個西藏活佛醫生真是奇怪。

一週後，我的電影劇組工作結束，想起這件事，便去諮詢醫生，預約某日早晨八點去醫院點痣。

這個手術很簡單，二十分鐘內完成，術後我的鼻子貼著紗布，與太太一起回家。才到家門前，聽到家裡的電話大響，我趕緊開門進屋接聽，一拿起話筒，對方劈頭就是流利的英文，我無以招架，於是請太太接應。

太太與之對話了一會兒，回頭跟我說：「他們邀請你到好萊塢拍電影。」

我說：「不行吶，我的鼻頭還有縫線呢，怎麼見人啊！」

太太又去跟對方溝通，再回說：「他們說，會幫你安排最好的醫生，拜託你一定要去美國。」

「而且，他們已經買好我們的頭等艙機票，今晚就要起飛。」

美國新生活，臺灣求皈依

一九九七年底那通意外的電話改變了我的人生際遇。接到電話的當晚，我就跟太太應邀飛往美國，這個工作邀請就是拍攝電影《致命武器4》，自此我的電影事業轉向美國好萊塢發展。

一九九八年七月，我隨《致命武器4》電影團隊前往臺灣宣傳，檔期僅有兩天，我在第一天晚上接獲羅貢桑仁波切身邊的喇嘛來電，他很高興地告訴我，明天要從臺南北上到臺北來看我。第二天，羅貢桑仁波切帶著八個喇嘛來訪，我注意到他們似乎帶上全員的行李。

我對仁波切說：「感謝您來看我，實在很高興！晚上您要回去臺南嗎？」仁波切說：「不，我們就留在臺北了。」我又問：「您在臺北有認識的人嗎？」仁波切說：「沒有。」我嚇了一跳，再問：「那您要住哪兒啊？」仁波切笑笑地說：「不知道，但沒關係。」

我真是愣住了！你們來看我，在臺北又沒有認識的人？稍晚我就要隨劇組離開臺灣了，那你們一群人要何去何從？我有位臺灣電影圈的朋友，我喚她小萍姐，恰好她也在場，聽到這群喇嘛沒有著落，她也跟著緊張起來。

我有個想法，就是立刻請仁波切舉行皈依儀式，讓我正式成為佛弟子，然後聯絡美國華納公司，發一個記者招待會。我的想法很單純，就是一旦我成了仁波切的弟子，宣傳周知之後，應該有人會願意供養這群不知下一站去哪裡的僧眾。

皈依儀式與記者會都很順利，小萍姐也承諾協助接續安排。離開臺灣之後，我到每一個宣傳點都致電詢問小萍姐，得知上師與僧眾終於有了著落才能放心。因緣巧合，他們也因此在臺灣展開弘法的道途。

羅貢桑仁波切傳授我蓮師與度母的咒語，需各念十萬遍，我在美國很快就完成了，這可能與我從小當運動員、習慣維持紀律與練習的態度有關。我在生活中，在劇組拍戲時，不論是在化妝或是等待拍攝，手上隨時拿著念珠，撥動珠子、念誦咒語。一個咒語念十萬遍，一開始是很不可想像的大任務，我便急著完成，腦中總在思考下一步的事情。

二〇〇〇年春天，我跟太太邀請羅貢桑仁波切來美國為我診治，也請他傳法，還有為待產的太太祝福。

仁波切說，預產日當天，他也要一起去醫院。仁波切要求，新生兒誕生之後，先不要洗澡，馬上讓他接手。這可不是簡單的事情，美國的醫院自有規範，如果不按照醫院接生的標準作業流程，自家想要做些其他的安排，需要事先溝通，還要簽署切結書，聲明後果自負等。我跟太太都同意新生兒降生之後，讓仁波切接手處理。

太太生產當日，我在產房裡陪伴，仁波切與喇嘛們候在產房外的走廊。等到大女兒出世，醫生先為她秤重量，洗都沒有洗，就以布巾包成一包交給我。我將嬰兒帶出產房。才推開門，門外一群喇嘛立刻敲鈸、打鼓、吹海螺、撒米、撒花瓣、燃香，美國的醫生與護士全部看傻了，這群喇嘛居然在這裡修法！

接著，仁波切拿著一碗藏紅花水，輕輕地翻出嬰兒的舌頭，然後用一個文殊菩薩咒的印章，涮了紅花水就往嬰兒的舌頭上蓋。一旁有喇嘛準備的水盆，仁波切接過嬰兒後，就在一旁用藏紅花水一邊持咒一邊為她洗澡。洗完之後，交回給我，再讓醫生接過去，又檢查了一番。

仁波切帶領喇嘛們以傳統且隆重的方式迎接這個小生命到來，我看著仁波切親自為新生兒所做的一切儀式，那分慈愛與慎重，令我感恩難忘。

在美國的日常，我喜歡邀請朋友到家裡打羽毛球，有一群年輕人時常來聚會，我站在場上這一側，讓他們輪番在另一側跟我對打。有位來自臺灣的年輕人Vincent，注意到我打球時念念有詞，於是過來問我：「李先生，您是在念綠度母咒嗎？」當年在美國，藏傳佛教尚未普及，加上持咒是我個人的習慣，忽然被這樣問起，心裡很是詫異。「你知道這是綠度母咒？」「知道，我從小喜歡佛法，所以讀過一些書，我知道綠度母。」

Vincent是個佛法青年，讀過很多佛書，當下我們以佛法結緣，開啟了聊不完的話題。這段時間裡，Vincent介紹了很多臺灣出版的佛法書籍給我，像是《密勒日巴大師傳》與《馬爾巴傳》等傳統的祖師傳記，或是當代的佛學大家名作，例如漢傳佛教聖嚴法師的系列出版品等，我求知若渴，不斷地跨海採購與閱讀，這樣往來推薦與閱讀的書本，累積超過一百本。

此時Vincent在臺灣的乾媽——May姐，時常寄贈佛法書籍給他，作為他的精神食糧。當時May姐有所不知，這些佛書幾乎都經由Vincent推薦，輾轉到了我的書櫃上呢！

為母親送行

索甲仁波切（Sogyal Rinpoche）所著作的《西藏生死書》（*The Tibetan Book of Living and Dying*），自從英文版在一九九二年出版之後，數十年間，此書被譯為三十種語言，並在五十六國發行。中文版於一九九六年問世之後，引起華人世界的廣大迴響；一九九七年開始對藏傳佛教燃起熱情的我，自然也成了書迷。

在我成長的中國文化背景中，死亡通常是個避忌的話題，但也是個嚴肅且必須面對的課題，縱然很少公開被談論，但我對此充滿好奇。《西藏生死書》是索甲仁波切根據蓮花生大士的《西藏度亡經》（藏文原文Bardo thodrol，又譯為《中陰得度法》）而作，它帶給我非常深刻的生死討論與認識，正如索甲仁波切在全書最後一章提到的：「希望每個人既不怕死，也不怕活。」達到生死自在，是我非常嚮往的。

二〇〇〇年七月，我的母親癌症病危，我放下法國的工作，飛回北京探望她。

我帶著《西藏生死書》臨時抱佛腳，在飛機上不斷地翻閱。過去學了兩三年的佛法，現在是真正可以用上的時候，在這個緊急關頭，我能做些什麼？

回到家，看到母親即將辭世，親友萬般不捨。書上指導要創造臨終的平靜，要請臨終者安心離去，然而這些都是理論，在此刻的現實，親友痛哭流涕，我又如何敢在大家面前請媽媽離開呢？最後只剩下播放佛經這一步可以執行。

我問醫生，若用盡一切方法，還可以讓媽媽再活多少時間？醫生回覆，最多一週。我跟大姐一起商量，要讓媽媽早一個禮拜走，或是晚一個禮拜走，已經不重要，最希望的是媽媽不要走得太痛苦。最後大姐同意，我建請醫生不用過度急救。

安排妥當，我請所有人暫時離開，讓我跟媽媽獨處一會兒。這時，我才跟她說：「您放心走吧。家裡有我，哥哥姐姐一輩子吃住不愁，您的孫輩也都可以讀書。我無法讓他們富有，但會保證他們基本的生活條件。」

媽媽不說話，彷彿過了很久很久，她看著我說：「就是一口氣的事。」我說：「您不在了，我會擔著，您放心走吧。」幾個小時後，媽媽溘然長逝。

母親臨終之際，姐姐聯絡了一位寧瑪派的上師——堪志活佛，他願意趕來協助，但他遠在青海的久治縣，以當時的交通條件來說，至少要三天才能抵達北京。母親往生後，我曾結緣的寺院與上師都很慈悲地給予幫助，北京雍和宮的喇嘛做頭七法會，上師羅貢桑仁波切與僧眾做四十九天的法會，而堪志活佛承諾做三年的法會！我非常感動，即便我向法國劇組請假回北京奔喪的時限將屆，但也盡力安排，拜謝這位上師。

與堪志活佛結緣之後，同年十二月底，堪志活佛到美國洛杉磯拜訪我。我前往接機時，遲遲等不到人，雖然已知班機入境，但過了三個小時還是不見蹤影。我不禁有點擔心，於是致電北京機場，知道他確實登機後，再回頭詢問洛杉磯機場，也確認此人已經抵達。每個環節都沒有差錯，就是不見人，至此，尋找的過程已歷五個小時。最後我們決定碰運氣，請一位地勤人員到入境的區域找尋一位「西藏喇嘛」模樣的人。

終於找到了！地勤人員將活佛帶來，說他找到這位「西藏喇嘛」時，他正在角落打坐。

我問堪志活佛：「您何以入境這麼久還沒走出來呢？」

堪志活佛說：「我看這裡的每個人都很著急，就讓他們先走，結果這批走完又來一批。」「反正我也沒有特別著急的事，就坐下來稍等一會兒吧。」

但此刻是聖誕假期，這位謙和的上師又怎麼可能等到洛杉磯機場人潮淨空的時候呢？如果我要拍一部名為《Monk in New York》的電影，堪志活佛的經驗將是最好的開場鏡頭。

困惑中的夢示

面對許多的佛法問題，我時常向佛菩薩祈禱，希望有因緣能解開疑惑。有時候遇到善知識得以請益，或是讀通某段佛法典籍，或是沉思迸發靈感，也或是經由夢境得到啟發，我相信這是來自對佛菩薩的信心所致。

我無意宣揚特殊的奇妙體驗，事實上，奇妙的體驗對佛法學習而言，沒有什麼具體意義；倘若執著於此，反倒有礙。但若我們從體驗中獲得一些正向思考，那確實可以當作修行路途上的鼓勵。

二〇〇一年春末，隨著我讀過越來越多的佛書，也累積了越來越多問題。那段時間裡，我的心裡總是縈繞：「要怎麼將大量的問題系統化？我要怎麼羅列？我要怎麼表達？我有沒有機會向佛法大師請教？」日日在入睡前思考，晨起後繼續，苦思不得其解。

某日夢中，我到了五臺山上的藏傳寺院，進入大殿，坐在地上。我的面前是個小桌，桌上有藏文經典，我開始翻看。這時有個中年男子拍我肩膀，衝著我笑，要我出去玩。我心想：「玩什麼吶？我步行三個月來到這裡學佛，藏文還看不懂，怎能出去玩呢！」我嘗試繼續讀經，這男子又伸手拍我，我惱怒回應道：「我很想學啊！您別搗亂了，我不想玩呀！」才低頭呢，字都還沒見到，他又伸手了。這下我可真忿怒！回頭要罵他，他就笑了。

剎那間，時空彷彿凝結，他沒開口，但傳來他的意思：「佛典是喚醒自性的工具，不是讀書，你如此硬讀，讀多少，忘多少。」夢中的我不知如何是好，再低頭看，經典上的藏文字像是沙子般嘩嘩地落了下來，我拿起經文儼然一張白紙。

我遂從夢中驚醒，一看時鐘，是清晨五點十五分。整理情緒後，再度入眠。此時我進入第二個夢境，地點依然是五臺山的佛殿，我看見高高的法座上坐著一位轉世高僧，我恭敬地向這位高僧行禮。忽然間，我看見高僧的法座旁有位少年，我還在想這是誰的時候，他望了望我，我明白了他是另一位轉世的大修行者。此時，我的左邊走出一位年約三十的男子，他途經我面前時，我不由自主地被帶著繞了一圈，最後他背對我，面朝法座上的高僧。我心想這又是誰呢？這個男子轉過身來看我，他以意念讓我知道，他是佛陀。

我心想，我沒聽過佛陀有轉世的啊。對方傳意：「我從來沒來，也從來無去，是誰在問我的來去？」我被這個回答給愣住了。我又想，既然是佛陀，那麼法座上的大德快下來吧，迎請佛陀上座才是啊。結果在場的三人都望向我，佛陀用意念跟我說：「是誰在區別呢？」

我在這個當下醒來，坐起身看時間，五點三十分，距離上一個夢僅十五分鐘。

第一個夢給我關於學習佛法不應該執著於文字的啟示，經過這個夢，我領會到佛法的學習，並非如處理知識學習般死板；第二個夢則讓我反省了分別的念頭——「執著」與「分別」是學習佛法路途上的難關。這兩個夢境清晰且深邃，難以忘懷，對當時的我有很大的啟發。

二〇〇四年，我在法國拍攝電影《鬥犬》（*Unleashed*）。在那段時間，我只要得空，就會將心放在持誦觀世音菩薩的六字大明咒上頭。

某日清晨，我夢見自己拿著一把刀與對手互砍，我用盡招式、費盡力氣，也只跟對手殺個勢均力敵。正當打得難分難解之際，忽然，背後一道強烈的白光，光亮中是觀音菩薩。

雖然我們沒有言語，但我感覺到菩薩問我：「你在做什麼呢？」我回答：「我要砍死對手！但不知怎地，就是砍不死！」菩薩笑笑並以意念說：「你聽說過有人可以殺死自己的影子嗎？」

剎那間，我靜止不動，對手也不動了！原來對手根本不存在，我居然是跟強光投射出來的，自己的影子搏鬥。

從夢中醒來，我第一個念頭是佛法的概念「萬法為心造」，一切現象都是自心的投影；本來沒有敵人，是我創造了敵人，而且我倆以命相搏也不分勝負。對手本不存在，而我又跟誰在較量呢？

初訪青海藏區

堪志活佛在二〇〇〇年底訪美時，邀請我到青海果洛地區參加為世界和平祈福的法會，同時，上師也承諾將傳授我寧瑪派的佛法大全《七寶藏》，從此直接學習最深奧的大圓滿（Dzogchen）法門。

走捷徑，不用從頭學起，我對此深感興趣！

二〇〇一年，我恰好在電影《英雄》開拍前的七月分有空，便依約安排了青海藏區之行。與此同時，由於我正在構思拍攝電影《Monk in New York》，所以重金禮聘當時寫一部電影劇本要價一百萬美金的美國編劇同行。

我與助理Vincent以及美國編劇先從美國飛到北京，再從北京飛往成都。堪志活佛自己開車，帶著一位隨行喇嘛在成都接我們上路。我們一下飛機就開了六個小時的車，帶著期待的心情，覺得事事新鮮。當晚在旅館住下，隔天早上接續旅程。

第二天沿途的人煙越來越少，開了十個小時，最後只剩我們一輛車在草原上奔馳。車程時間長，路況也不好，編劇心情變得很差，開始大發牢騷。他喊著要寫這個劇本，大可以在紐約的圖書館找資料來寫，何苦要來這個只有犛牛的地方？

當晚進入堪志活佛熟悉的地方，住宿時，堪志活佛為了安撫編劇，親自端洗腳水讓他洗腳，但編劇受了旅途勞頓之苦，加上高山反應，依然覺得非常不高興。

第三天早晨，我們繼續開車，長路漫漫，不知何處是盡頭。六小時之後，車子拐過一個大彎，忽然聽到一片吆喝聲，眼見遠處一大群牧民騎著馬，直朝我們奔來，他們手中不停地拋撒印有藏文的五色天馬紙片，氣勢非常盛大！我們繼續開了二十分鐘，牧民們騎馬跟著我們的車，直到抵達堪志活佛的寺廟。

當地的牧民知道我們將到訪，三天前就開始聚集，如今寺廟周圍擠得水泄不通。堪志活佛下車，走往寺廟大殿，沿途民眾虔誠地向他鞠躬禮拜與獻卡達，上師逐一為弟子加持，好不容易進了大殿，待上師坐定，幾百人排隊等候輪流上前獻供。

這時，我忽然聽到哭聲，回頭一看，那位高大的編劇竟然啜泣不已。

我問他：「怎麼了？」他說：「我不知道這位開車的年輕人這麼厲害，我以為他是司機，還對他頤指氣使。他昨晚還端洗腳水給我！我現在才知道他有多麼重要！」他的情緒又羞又愧，加上被周遭的場面感動，感到非常懺悔。

青海果洛地區可說是與世隔絕，在這裡的生活單純質樸。我每天早晨七點開始接受堪志上師的佛法傳授，只有午餐起身休息，下午繼續傳法直到晚上七點，如此持續了七天，才完成了古代大師龍欽巴（Longqen Rabjamba）的《七寶藏》口傳。

結束的隔天，我們前往更高海拔的聖湖，附近的僧侶都聚集在此，準備進行為世界祈福的法會。湖上輕煙飄渺，就像是絲綢的卡達，映襯背景的藍天，這是我第一次覺得與大自然如此接近。

這一段旅程結束之後，我們送走編劇，請一位司機載著我跟Vincent，開了九個小時的車前往玉樹。

玉樹比先前果洛地區的久治縣還要發達，這裡也有等候迎接的群眾，恰逢玉樹的五十週年州慶，聚集的歡迎人數竟達六千！他們的交通工具不是馬，而是摩托車。我們當天在玉樹住宿，睡醒再開五個小時的車前往巴麥寺。

到了巴麥寺翌日，我的香港朋友們與我會合。只見他們各個精神不濟，原來他們從西寧下飛機之後，搭了十八個小時的車才到這裡，也陸續有高山反應。他們喊苦，說從來沒有嘗試過這麼辛苦的旅行。

來到巴麥寺，我以為會像在堪志活佛的寺廟一樣每天學法，但從第一天起，就有村民舉辦歡迎會，載歌載舞、賽馬、摔角、扮裝活動，我的朋友們玩得很開心，但卻苦了我。這一趟旅程，我是想利用時間精進學法的呀！這接連兩天的熱鬧行程，跟我學法有什麼關係呢？我的心裡著急，跟上師商量，最後決定將連續七天的歡迎活動縮減為三天。

活動之後終於得以進行佛寺巡禮。參拜完巴麥寺，我們往更高海拔的尼寺出發。尼寺位於海拔四千六百公尺左右，有一群女性出家人在此修行。到了此地，我被安排到一處房屋裡，喇嘛們為我更衣，換成跟他們類似的裝束，接著我被安排到一個座位上，輪流接受僧眾的祝福。對於這些禮俗我是陌生的，當下覺得這是他們對待貴賓的儀式，所以從善如流。

我在此地拜見了前一世的巴麥欽哲仁波切（Balme Khyentse Rinpoche），並接受他的傳法，也騎馬往更高的山裡走，探訪幾位終身閉關的修行者。他們在此絕頂之巔，進行如祖師密勒日巴尊者一般的苦修，他們修行的唯一目的是為了一切眾生的幸福安樂，這樣求道與奉獻的精神，令我感動不已。

演電影的弟子，拍電影的上師

電影《英雄》的拍攝時間是在二〇〇一年的秋冬，我只要一有空，就會在片場持咒或讀書，所以「拍戲、持咒、讀經」大概就是我當時生活的重心。助理Vincent向我推薦一位頗負盛名的上師——宗薩欽哲仁波切（Dzongsar Khyentse Rinpoche），他的身分除了是傑出的佛法導師，也是一位電影導演，這讓我對他充滿了敬意與好奇。

我請Vincent幫我找了許多宗薩仁波切一九九〇年代在臺灣弘法的中文翻譯

錄音，並將全部的檔案存在一個播放裝置裡，聽得津津有味。像是《入中論》、《寶性論》、《修心七要》、《金剛經》、《心經》等課程。記得我最用功的時候是在橫店拍戲時，有一段時間恰好我不用上工，於是每天早上八點開始聽，從早到晚，整整七天才將一個課程聽完。雖然我未必懂得全部內容，但我仍堅持反覆地聽；大多數宗薩仁波切的課程都是這樣學習的。

拍攝前的化妝時間，我在持咒，站著等待拍攝的時間，我也在持咒，假如有一小段完整的空檔，我就會找一個安靜的角落禪坐。劇組同事們有時候開我玩笑，說我像個出家人似的。

當時有位幫我化妝的女孩，在拍完電影後，特別來感謝我。我問她謝什麼呢？她說，她皈依藏傳佛教了，現在的心情與生活都很平靜。她接著說，她在拍攝期間與男友分手，生命忽然失去目標，感到很痛苦，但因為每天幫我梳化的時候聽我持咒念經，覺得這樣的聲音很平和，聽著聽著，心情平復很多，最後也決定開始學習佛法。

我認為這就是佛法的力量，不只帶給自己平靜，也能感染周遭的環境。《英雄》殺青之後，我送給全劇組每人一條手珠，這是一份佛法的祝福。我這麼做的動機是利他，我希望大家都好，也希望大家在生活中實踐佛法。

在這段時間裡，因為我大量地聽宗薩仁波切的課程開示，心裡對他越發景仰。關於佛法，或是關於我想拍的《Monk in New York》電影，我都希望能當面向他請益，於是我請Vincent透過他的乾媽May姐嘗試聯絡仁波切。有趣的是，仁波切一開始跟May姐說，對於要跟我這樣的「大明星」見面是沒有興趣的，因為「大明星」通常需要特別關注，也不見得真正想要修學佛法。所幸May姐擔保我是個認真的佛弟子，這才促成了二〇〇二年在溫哥華的初次見面。

我還記得第一次見到宗薩仁波切，他站在路邊等我，戴了一副太陽眼鏡，那樣獨特的打扮與氣質，簡直跟明星一樣！

我向他請教很多問題，也談了我想拍的電影，他則提供我幾個關於西藏喇嘛剛進入西方社會的趣事。

宗薩仁波切的智慧在他的言談間鋒芒畢露，這一向是他為人所欽服的特點。當時我聽說用念珠持咒最好選用相應的珠子，比如說念誦觀音菩薩的咒語就用水晶念珠，於是我向宗薩仁波切提問：到底用怎樣的念珠才好？只見他平淡地說：「你看釋迦牟尼有拿念珠嗎？」這個回覆讓我傻住了，那個瞬間，我像是被澆了一盆冷水，但也因此深刻明白了不應執著。

二〇〇三年的十一月，宗薩仁波切邀請我到洛杉磯參加他所執導的第二部電影《旅行者與魔術師》（*Travellers and Magicians*）首映會。會後，我們很興奮地在會場外的廣場聊天。仁波切說，他想找我拍一部關於玄奘大師的電影，劇本已經有大綱了，但他需要回到不丹的蓮師聖地「虎穴寺」閉關寫作，預計三個月到半年可以完成劇本。我非常期待，一直以來就等著要拍這部電影。

我是一個演電影的佛弟子，很幸運地遇到了一位拍電影的上師。宗薩仁波切善於不留情面地撕開文化的包裝紙，顯露出佛法鋒利的智慧，這是對我最有感染力的地方。

朝禮五臺山，入藏學破瓦

據說我媽媽剛剛懷我的時候，父母估量著要把我打掉，因為在我之上，已經有兩個哥哥以及兩個姐姐了，他們各差了兩歲，到我已經相差五歲，而且在我之前，他們也已經打掉了另一個無緣的孩子。

媽媽決定去打掉我的當天，遠在東北的外婆，突如其來地趕到北京家裡，撞見正要出門的媽媽。外婆問媽媽：「你要去哪裡？做什麼？」媽媽眼見瞞不住，就說了要去打胎。外婆得知，大為光火，立刻嚴厲地罵了媽媽一頓！

外婆說：「這是我向五臺山的文殊菩薩求來的孩子！是你們李家的福氣！居然要打掉？！你們李家以後還要靠他呢！」

外婆對我很慈愛，她學佛又學道，正因為她當年許願求孫的緣故，我連帶著覺得「五臺山」與「文殊菩薩」格外親切。尤其當練武的我見到高舉智慧之劍的文殊菩薩法相，覺得更是有緣。

上師羅貢桑仁波切預計在二〇〇三上半年帶領弟子朝禮五臺山，這個行程讓我充滿期待！五臺山泛指華北的系列山群，由五座山峰為主，傳說是文殊菩薩的顯化之地，後來成為中國佛教的四大名山之首，一千多年的發展以降，山上不僅有漢傳佛教的蘭若，也有許多藏傳佛教的寺院。

羅貢桑仁波切帶領我們到一間漢傳寺院參拜，他提出想在這裡進行一場供佛法會，這想法倒有些為難。因為根據當時政策規定，僧人舉辦法會只限於自己所屬的寺廟，不能跨寺舉辦。

為了圓滿上師供佛修法的願望，我趕緊想辦法，去拜見五臺山上最德高望重的寂度老和尚，在他座前懇求。

我跪著向高齡九十三歲的老和尚稟告，他老人家慈祥地看著我說：「孩子，你與佛有緣。就這麼辦吧！」然後又交代寺廟的助理：「他們來找我，就說是我同意的，大不了我就走囉！」

看見老和尚將生死講得如此輕鬆，我不由得愣住了。我想：「因為我做個法會你就走了？這麼輕鬆？」這樣的生死自在，就是我想追求的境界。

朝禮五臺山的回程路上，我向羅貢桑仁波切請法。我事先得知，藏傳佛教有一種修法叫做「破瓦法」（Phowa），「破瓦」是藏文的音譯，譯意是「遷識」，就是將眾生的意識在禪定中直接遷移到淨土。傳統認為這個法若修得好，臨終時可以幫助自己解脫，甚至可以為他人修持，協助對方往生極樂世界。

如果能直接以此法前往極樂世界，不就是抄了大大的捷徑嗎？這個法好！

我迫不及待地想學此法，經過上師同意，我們從五臺山回到北京之後，旋即飛往青海西寧，接著開車前往玉樹，再從玉樹前往囊千，車程超過十四個小時。

當時仁波切與僧眾搭一臺車先行，我與朋友搭第二臺車隨後，兩車相差一小時出發。當我們快到巴麥寺時，看見前方交通堵塞，靠近事故現場才知道是一場死亡車禍，而羅貢桑仁波切帶著兩三位喇嘛，就坐在路邊為亡者修持破瓦法。

這是怎樣的因緣啊，我才發心學習此法，就讓我當場見證生死無常！我們在寺廟裡等到仁波切回來，不安排任何行程，直接閉關學習。我住在仁波切的房間裡，他睡在床上，我拿張墊子睡在地上。仁波切清晨五點起身念經修持，我也起身靜坐。仁波切每天從早上傳授到晚上，並交代功課讓我練習，這段時間我從沒離開屋子，到了第七天，經仁波切驗收之後才算圓滿。

學完破瓦法，羅貢桑仁波切進一步安排一位終身閉關的西然朋措上師（Sherab Phuntsok），傳授指導我修學噶舉傳承的那洛六法（The Six Dharmas of Naropa）。我向西然朋措上師請益：「學完那洛六法之後，要練幾年啊？」上師說：「二、三十年吧。」我聽到都傻了，居然要這麼長的時間！登時對要修這個大法感到糾結。

在這一次的巴麥寺求法之行中，我也曾與羅貢桑仁波切，以及一位來自五明佛學院、通中文的堪布（Khenpo，意為佛學博士）請益。我很想知道，該怎麼驗證當今世上的修行者，以證明他們真的達到佛經裡說的成就？

堪布說，因為佛陀規定不能顯露神通，所以很多成就者的狀態我們也只是聽說而已。我繼續追問，有沒有方法可以證明？就以菩薩來說吧，菩薩的成就分為十個等地，那當今世上有沒有真正的菩薩？最初等的一地菩薩也好。

有個說法是，到了菩薩的果位，是沒有分別心的，屆時就算是吃麵或是吃釘子都沒有差別，喝水與喝尿也沒有差別。我很想知道是不是真的有人修到這個地步？我想確定世上有人可以經由修行得成就，否則我豈不瞎忙一場？

兩位上師被我的問題與極端的條件設定問得苦笑。堪布跟我說，在他的心裡大寶法王噶瑪巴就是菩薩，羅貢桑仁波切也說，在他心裡泰錫度仁波切就是菩薩。

我暗下決定，我要前往拜見這兩位上師口中的菩薩。

初訪聖地印度

世間到底有沒有修行者是真正的菩薩？我亟欲知道修行佛法是否有看得見、摸得著的具體指標。

自從我在青海巴麥寺學法，兩位上師提及大寶法王與泰錫度仁波切是他們心中的菩薩之後，我決定直接前往印度拜見。二〇〇三年夏天，我從青海巴麥寺下山，請朋友帶路，取道香港，直飛北印度新德里。

這是我第一次前往印度，搭乘印度航空的班機，座艙內裝竟然跟我一九七四年第一次搭的飛機一樣簡陋！我的座位頂上竟然漏水！坐在這樣老舊的機艙裡，我不由得想，這臺飛機能保我安全抵達印度嗎？可千萬別失事了。頭上的漏水再度落下，滴著、滴著，我一點辦法也沒有，現在的我正在幾萬呎的高空，半點不由人，真是一番對生死的焦慮。

好不容易在新德里機場降落，出了大門，我看著眼前景象出神。

夏天炙熱的土地上，人群席地而臥，黑壓壓的一片，深色的皮膚深色的土，看著這些躺著的枯瘦的人，無法辨識他們是生是死。兩千五百多年前的佛陀，正是看見人們生老病死的苦況才出家修行，如今兩千五百多年後，還是這樣的景象，看著我的眼淚都要掉了下來。

風吹過那些亂搭的低矮布棚，幾個孩子看著我，也有幾個孩子向我走來。他們伸手向我乞討，我掏出一些零錢放在他們手上。同行的朋友大喊：「不能給錢！」並催促我快跑！我們一路跑，孩子們一路追，我忍不住又給他們一些錢，結果稍一停下就被包圍。朋友將我推擠上車，勉強關上車門，揚長而去。

在新德里停留一晚，隔日我們租車前往達蘭薩拉（Dharamsala），車行十二小時，在夜裡抵達，我們預約隔日在上密院拜見大寶法王噶瑪巴。

噶瑪巴是藏傳佛教噶瑪噶舉派的領袖，當今是第十七世轉世。他是歷來轉世制度的第一人。大寶法王的頭銜是明代永樂皇帝頒給他的上師——第五世噶瑪巴的尊號，沿用至今。我很感恩噶瑪巴撥空會見，我向他報告了我的學佛歷程，我也說明此行的主要動機，就是耳聞一位堪布說，噶瑪巴是他心中的菩薩。

我大膽地請教噶瑪巴：「您是一位對喝水或喝尿沒有分別心的一地菩薩嗎？」

噶瑪巴回覆：「我不行。我雖有噶瑪巴的稱號，但經過投生轉世，此生的我還年輕，還有很多東西要學。我很努力地在做一位噶瑪巴。雖然現在的我無法做到，但我相信過去的噶瑪巴確實有菩薩的證量。」

噶瑪巴能講中文，我們談得很盡興，直到當天預約時間結束，我們再約次日相見。在隔天的會面，我請問噶瑪巴：「我要超越生死，找到生命的真相，我是不是應該要去閉關？」

噶瑪巴說：「我不認為你現在適合做這樣的事。你應該繼續在世間努力修行，你必須完成你的電影事業，你需要不斷地往裡頭尋找，終將找到解答。」

「而且，你看那些閉關三年、六年、九年的修行者，你怎麼知道過去你不曾這樣閉關過呢？」噶瑪巴一席話，就是要破除我對於「要閉關」的執著。

我向噶瑪巴請法，他應允第三日傳授皈依戒給我，並特別講授「別解脫戒」。這個戒律的意義是「最基本的善」，也是讓我們從身體所做、語言所說、心裡所想這三個層次的惡業中解脫。

傳統上，皈依會由上師賜予法名，噶瑪巴說：「昨夜我夢到一位白衣老人，有一頭長白髮，他站在我面前，希望我早日到漢地弘法度眾。老人說：『你到漢地弘法，應該有個漢名，就叫憐兒吧。』我現在將這個名字翻譯成藏文『噶瑪寧杰布』，意思是慈悲之子，就當作你的皈依法名。」

接著噶瑪巴也傳授了〈蓮師七句祈請文〉，這是藏傳佛教中很常見的祈禱文，文句很短，但很有力量。噶瑪巴說，他從小就學了這個祈禱文，一生持誦不斷，深感這個祈禱文給他的幫助。他希望將此傳授給我，幫助我的修行。

聖嚴法師的十日禪

記得我在二〇〇一年拍攝電影《英雄》時，因勞累致病，到醫院裡吊點滴，見助理Vincent正好帶著聖嚴法師講《金剛經》的小冊，便請他讀給我聽。我對這份開示印象深刻。我心想，終有一天要親自拜見這位有智慧的大德。

二〇〇三年九月，長期隨聖嚴法師修學的May姐邀請我到臺灣，與法師舉辦一場名為「無名問無明」的公開對談，在答應之前，我提出一個誠摯的請求，希望能給我一天的時間向聖嚴法師請法。

漢傳佛教的諸多宗派裡，我對禪宗最有熟悉感，一部分是因為我曾拍過同屬禪宗寺院的《少林寺》電影，另一部分是我對禪宗的「頓悟」法門深感興趣；這十分吸引像我這樣渴望盡快解決問題的人！

與聖嚴法師請益的時間安排在公開座談的前一天，由於媒體記者不斷追逐採訪，我們費了很大的工夫，才與聖嚴法師順利見面。我向法師請教禪宗的修行問題，也提出我最核心的疑問：「如何以最短的時間開悟？」

聖嚴法師說：「你現在已經站在懸崖邊，多往前一步就開悟了。也像是你站在紙窗前，可以輕易地用手戳穿窗紙。」我問該怎麼做？法師說：「你給我十天。」我馬上答應！他又說：「今年冬天，在紐約象岡道場有十天的默照禪，我邀請你來參加這場禁語閉關。」聽到景仰的禪師提出保證，我無論如何都要赴約。

當年的十一月二十八日，我與Vincent依約前往紐約的象岡道場報到。禪宗道場的行程非常緊密，每天清晨五點第一炷香，一炷香就是打坐四十五分鐘，之後下座短暫休息，從清晨直到晚上十點半，多數時間都用來禪坐；禪坐以外，則是聖嚴法師開示兩小時、三餐時間、勞動時間還有睡覺時間。

在這裡的日常生活，需遵守嚴格的規矩，每個人都是吃一樣的飯菜，睡一樣的地鋪，遵守一樣的作息時間，輪流洗碗，輪流洗馬桶，無一例外。這樣的生活與我以往備受禮遇的經驗完全不同，甚至是相反，很不適應。

在修行方面，我則是帶著很大的期待參與十日禪。此前，我已經習慣藏傳佛教的修法，以豐富的冥想與儀式將心帶進入禪修，如今在漢傳佛教的禪宗道場裡，光是挺直腰桿盤坐在墊子上，什麼也不做，反倒讓我無所適從。一天下來腰痠背痛，第二天仍是如此，沒有任何個別導引，我如何可能在十天證悟？

我在心裡想：「文殊菩薩，您就告訴我吧，這個世界到底是只有一佛，還是有萬佛呢？」想著想著，眼前彷彿就像是電腦特效一樣，有流動的水，水慢慢旋轉，然後停下，變成了一尊大佛。我便想：「啊！是一佛！」不過，接著水又轉動起來，才發現大佛身後有無盡的佛！因為看的方向不同，縱看是一佛，橫看是無量諸佛。這就像是個夢境，像是文殊菩薩給的答案，也像是自心的浮現。若以言語描述，可以說是一佛，也可以說是諸佛，端看眾生的需求而定。

第三日，我們有一炷香是在室外禪修，我看往天空，注意到有隻鳥的飛行軌跡很奇特，彷彿牠只在這個點與下一個點出現，而中間的過程消失了。我聯想到電影拍攝。如果以一秒播放二十四格照片，這是我們覺得正常的影片速度；但如果以一秒四十八格來拍攝，並用二十四格的速度回放，那就會有變慢一倍的效果。也就是說，每一格都是單一獨特的，是我們的感官將所見連接起來才變成動態，亦即是心的意識創造了相續，一切景象都是感官的遊戲罷了。

這也像是看流水，當你詳細觀察一個小瀑布，可以發現水滴不是貫串的，而是每滴水之間都有間隔，只因為我們是看它連續地走，所以會覺得是水流，但若慢慢感受，水滴與水滴之間是有縫隙的。

我將這些感受寫在字條上告訴Vincent，後來字條讓一位負責監香的法師收走；這是禪眾在禁語閉關時的問答機制。隔天，一位不認識的法師找我到房間談話，我說明了我的感想與問題，沒想到法師回答：「這是禪宗的道場，不要將密宗的觀想帶入。這一切都是不存在的。」

這讓我覺得挫折，以往我有問題，上師們都是殷切地回答，如今非但不是聖嚴法師親自回覆，眼前這位陌生的法師甚至否定了我的感觸。我有些不服氣，回到禪堂繼續坐，頗不是滋味。如今已經來到第四天，一丁點要開悟的感覺都沒有，此行到底是來幹嘛呢？

而後就在這種情緒中繼續，到了第七天，心想再三天就可以結束。雖然內心有些紛擾，但隨大眾按表操課，有個想法倒漸漸浮現。我彷彿看見一個人在尋找「開悟」，但找不到，一切像是徒勞。我又寫了字條，監香的法師再次找我談話，我不知如何描述這個感受，於是用一個故事來比喻：

有十人球隊圍圈而坐，每人的衣服上都依次標了號碼。我起身問右邊的1號：「0在哪裡？」，他說：「就在隔壁。」我走往下一個人，問他：「0在哪裡？」」，他也說在隔壁，要我繼續往下問。我就這樣順著問到了8號，他回答：「過去兩個就是了。」我走過9號，但是又碰到了1號。我問1號：「0在哪裡？」他顯得非常不耐，回應我：「我剛才不是說過了嗎，就在隔壁！」我有點惱，覺得這幫人都在唬弄我，正當此時，我碰巧低頭一看，發現自己身上的衣服就是0號！因為我從沒低頭看自己，所以不斷向外找，而一切竟都用錯了力。

故事說完，監香的法師沒說什麼，只讓我回去繼續禪坐。這次回座，我發現自己終於安靜下來，不看外面的景色，也不在意時間與空間，就只是單純地靜坐。最後的兩天過得很快，我已沒了一開始期待開悟的心情。

第十日圓滿，聖嚴法師來為大眾結行，他開示完畢之後，忽然說要為大家講一個故事，於是他將我告訴監香法師的十人球隊故事說了一遍。講完之後，聖嚴法師沒有提到這個故事的來源，他只請大家想一想，覺得很有意思。

第二階段：二〇〇四年──二〇一〇年

從頭學起

由於我經常有亞洲的行程，為了交通方便，在二〇〇四年搬回上海。上師羅貢桑仁波切常來我家傳法，在這段時間裡，他傳授了生起次第的法門。

生起次第是藏傳佛教中的進階禪修，它必須透過精準的觀想來靜心，瞭解觀想中每個細節來保持純善的認知，還有必須對自己擁有成佛的潛力有著堅定不移的自信。這不是容易的課程，擔任藏中翻譯的喇嘛覺得非常吃力，他的語言已經很難傳達上師開示中的精妙之處。

羅貢桑仁波切透過翻譯對我說：「是時候要幫你找一位懂中文的上師來帶領你了。」於是，我的第一位上師、噶舉派的羅貢桑仁波切打電話給寧瑪派的堪布慈誠羅珠（Khenpo Tsultrim Lodro），請他指導我佛法修行。

慈誠羅珠堪布是四川藏區鼎鼎大名的五明佛學院培養出來的佛學博士，是晉美彭措法王（Khenchen Jigme Phuntsok）座下的高徒，通曉中文，在藏地、在漢地皆有眾多弟子。堪布接受託付之後，便安排在二〇〇五年二月到上海傳法七天。

我迎請堪布到家裡，向堪布報告我的修行歷程。從一九九七年開始講起，細數每一個追隨過的上師、每一個接受過的灌頂傳法、每一本我讀過的佛書，還有我朝聖的經歷、閉關的經歷，以及我學佛的心得、我的感悟等等。堪布耐心地聽完，微笑著說：「很好、很好。」我請示堪布，現在我們該從哪裡學起？堪布說：「從頭開始。從四共加行開始。」

一時間，我以為我聽錯了，以我這些資歷，怎麼可能要從頭學起？

我怕堪布沒有聽懂，於是更詳細地自我介紹，一一列舉七年來我所受的灌頂，還有讀過的上百本書。我描述青海巴麥寺的〈破瓦法〉閉關，還有到紐約參加聖嚴法師的默照禪十日閉關，強調已反覆聽過宗薩仁波切講的《入中論》、《寶性論》、《修心七要》、《金剛經》、《心經》等，還有我到印度與法王噶瑪巴有過非常深入的對談！

堪布一邊聽，一邊說：「很好、很好。」但當我問他該從哪裡開始學，他總是回答：「從最初的四共加行開始。」我不死心，又花了好幾天的時間跟堪布反覆地說明，希望證明我足夠資深，可以學進階的佛法。

慈誠羅珠堪布是寧瑪派的上師，寧瑪派的主要修行體系之一是大圓滿，在這個體系中，非常高深的佛學論著《七寶藏》以及《吉美林巴全集》，堪志活佛都已經傳授給我了，怎麼可能需要從頭開始？我費盡唇舌，但堪布反覆地跟我說：「如果四共加行修得不穩固，後面的五加行也就不穩固，這兩者修不好，就像地基打不穩，大廈無法蓋起來。所以還是需要從頭學起。」

我花了這麼多時間無法說服堪布，五天之後，我正式放棄。心想：「好吧，或許這是一個新的開始。」於是，堪布就從四共加行開始逐步口傳講解。

藏傳佛教的每一門修持，不論規模大小，大到可以是以一生來修的法門，小則可以是一篇如詩的祈禱文；以結構而論，都可以分成前中後三個段落，依序稱為前行、正行、結行。為了順利進入該法門，有些修法在進入前行之前，會有一個附加的準備功課，稱為加行。四共加行就是屬於這一種。它宣說了四個佛法的基本概念：「人身難得」、「生死無常」、「業力因果」、「輪迴過患」，而說要「修」這些概念，意指需要透徹瞭解，並且反覆思考到成為直覺反應為止。有了這些基本認知，我們才會懂得抓緊時間，行善斷惡，超脫生命的困局。

紀錄片《八萬四千問》

自從一九九七年學佛開始，到二〇〇四年，這七年裡，我不斷地深入探索，確定佛法是我的一生志業。這段時間以來，我走過很多路，遇過很多人，見到許多身邊的朋友，陸續萌生我當初學佛的種種疑問，但他們不見得有我這樣的時間、心力與機緣去投入尋求解答，所以我很希望將自己的歷程與大家分享，這就是我推廣佛法的一份初心。

唐代玄奘大師的取經與譯經事業，對中國佛教、甚至世界佛教有革命性的影響，不僅如此，大師將他西行取經的歷程寫成《大唐西域記》，留下了當時的地理環境與人文風景等珍貴的遺產。如果我能為當代佛法留下傳之後世的紀錄，我想，電影專長可能是個方法，於是，拍攝當代世界佛教紀錄片成為我的願望。將當代佛教現況保存在影像記錄中，就無須以實體空間複製這些精神資產，且能廣為流傳。二〇〇三年我到印度拜見噶瑪巴時，曾與噶瑪巴提出建立「空中寺院」的想法，或許可以藉由這個紀錄片計畫達成。

我希望用十年的時間圓滿這個計畫。我將籌辦一個非營利的基金會，以網路向大眾收集關於佛法的各式問題，像是：為什麼要吃素？為什麼日本和尚可以結婚？為什麼泰國的男人多會經歷出家又還俗？同樣一個問題在不同傳承中是怎麼被看待的？

然後徵募各領域對佛法有興趣的專業人士，讓我像記者一樣，帶著大家出發，到世界各地，去所有有佛法傳承的地方，去看、去聽、去問、去親身體會，找出眾人問題的解答。

這個想法源自於《華嚴經》中記載的「善財童子五十三參」，善財童子為了求法而參訪了五十三位大德，後得箇中三昧的故事。我將這個紀錄片計畫命名為《八萬四千問》。

當我同向太太等幾位好友分享這個計畫，他們都很支持。不過訪問我的記者們則覺得這個想法太過瘋狂，因為我的商業電影事業正蓬勃發展，不好好拍電影，反而要花十年去拍佛教紀錄片？

我告訴他們，玄奘大師西行逾十六年，只走了一條線，而我們現在有北傳（漢傳）、藏傳、南傳三個主要的傳承要走，地域範圍幾乎覆蓋了當今人類世界中的所有文明體系，紀錄片若拍成，我們如今的疑問、曾經走過的路、所求得的答案，都將成為重要一頁紀錄。全系列影片也能成為有意學佛者的地圖指南，人們對於自己嚮往的佛法路徑，可以按圖索驥，一目了然。

二〇〇四年，我在香港成立了「有緣基金」（Coming Together），籌募到啟動的款項，並開始執行《八萬四千問》的紀錄片拍攝。可惜的是，當年沒有適合的播放平臺，紀錄片拍了卻沒有地方播，如此一來，資金運作不流暢，作品也卡在手裡無法釋出。雖然這個願望最終並未達成，但是這股行善的動力，也間接催生了後續的「壹基金」，許多善念將在下一個平臺如花盛放。

遭遇南亞海嘯

二〇〇四年的聖誕節假期，我們家與向太太一家相約前往馬爾地夫（Maldives）度假。我們在聖誕節當天從香港出發，經過泰國，於當晚抵達馬爾地夫的四季酒店（Four Seasons）。

馬爾地夫是印度洋上的島群，是全球知名的度假勝地，聽說因為海平面上升，島群可能逐漸被淹沒，所以想把握機會探訪。我們所住的酒店就在珊瑚礁島上，房屋距離海平面只有一公尺多，與大自然非常親近。放眼四周，就是白色的沙灘，湛藍的海水，看著緩慢來去的浪花，遠處海天一線、無際無涯，景色十分美麗。

在酒店睡了一宿，隔天吃過早餐，我們便與向太太相約十點在大廳碰面，要去參加水上活動。我的兩個女兒一個四歲，一個一歲，換了衣服就想去海邊玩水，我與阿姨帶著她們先往海邊走去。

在海邊戲水時，遠遠看見浪潮，我以為是一般漲潮，還沒空細想漲潮時間點，海水已猛然打上沙灘，享受日光浴的旅客趕緊起身，匆匆撿了被打翻的物品往回走。浪再次湧來，水面淹過我的腳背，大女兒還在戲水，我覺得情況不對勁，馬上抱起大女兒，讓阿姨抱著小女兒，準備回去。

我才轉身，又一個大浪，水面淹到了膝蓋，放眼望去，四周已成汪洋一片，不見來時的路。我抱著女兒，費力地在水中跨步，走第一步、接著第二步，浪潮益發高漲，這次水深已及腰，我的行動難以控制，才邁開腳要再走一步，海水竟已淹到脖子！

我原先拉著阿姨，讓她抱著小女兒，我將大女兒扛在肩上，但這波巨浪襲來，竟然將阿姨與小女兒沖走六七米那麼遠！所幸我們來海邊時，幾位酒店工作人員因為想要合影而跟著過來，當阿姨被沖倒走不久，就被工作人員救起。

此刻海水幾乎已淹到我的嘴邊，再一個浪頭過來，我勢必滅頂。

我心裡閃過一個念頭：「觀音！」

此時距離生死之線，只在這十餘公分！

海浪沒有繼續襲來，情況雖危急，但似乎沒有繼續惡化。我在完全不明就裡與無助的情況下，盡可能避開海水中浮沉的家具與雜物，一點一點地往飯店的房舍移動。

回到大廳，見到所有人都泡在水裡，慌張害怕，像極了災難片現場。酒店正在清點人數，我舉報說還沒見到我太太，他們便派人划船去找。島上的淡水與食物，至少還夠三到五天，只要外界知道我們遇難，我們就可以得救。

酒店人員透過安裝不久的衛星電話，向加拿大四季酒店總部求援，這才知道整個南亞都遭遇海嘯，許多地方同時經歷了毀滅性的災難，傷亡難以估計。

劫後餘生，立刻行動

這是我第一次面臨如此可怕的天災。

我經歷過一九七六年的唐山大地震，也遇過一九八九年的舊金山大地震，我知道地震來臨時要盡快到空曠處避難，但如今在這個珊瑚礁島上遭遇海嘯，浪頭撲來，完全沒有躲避的地方。

我的太太平安被找到，與我們在大廳重逢。在瀰漫海水又凌亂的酒店大廳，我注意到人們開始騷動，原來是大家正在議論可能來襲的第二波海嘯，於是我們組織動員，以現有的人力與資源，抵禦可能再來的災難。

大家分頭撿拾救生用具與漂浮物，分給小孩、老人與婦女，力壯的男人搬來木製的桌椅板凳集中放置。我們為下一波海嘯開始演練，體能好的年輕人站在外圈，然後是體能較弱的人站內圈，老人與小孩集中在中間。我們沒有其他辦法，只能用人牆抵擋海嘯。

我的小女兒才一歲，我們找到一個充氣的小床，我把她輕輕放在裡面，再放了一瓶水，也放一些巧克力。我寫了字條說這是李連杰的女兒，萬一大家沖散了，懇請給予救援。

在場有兩百多人，不同的國籍，不同的人種，不同的語言，但我們有共識，優先照護老人與小孩，大家都願意配合安排。我看到人性光輝的一面，這是在面對生死時的慈悲。此刻是真正的生死關頭、真正的無常，也是真正的考驗。我的內心對上師們與佛法充滿感激，讓我能夠坦然地面對。

當有人喊「水來了！」，我們就依演練的隊形圍起來。兩個小時前的第一波海嘯因為太突然，人們根本來不及害怕；但這兩個小時的等待，真的非常煎熬，也更為恐慌無助。所幸最後這一波海水只淹到腳踝，沒有想像中的嚴重。

晚上我們移到比較高的酒店員工宿舍休息。孩子們都睡了，我睡不著，於是開始打坐。

原本我希望六十歲退休後，才專注投入佛法修行與擔任志願者回饋社會，現在我四十一歲，好像還不用這麼做；我之前也還在製作《八萬四千問》的佛法紀錄片來為嚮往佛法的朋友指路，但如今覺得這些緩不濟急，無常說到就到，人的生死如此脆弱，就在呼吸之間。我不能再等了。

在這次的劫難中我獲得啟發，真實地感受到全體人類就像人體內的細胞，彼此需要、互相合作，才能夠完整。人類是一體的，我們的家是地球，每個人多做一點，才會讓我們共好，這是我的宗旨。

我想將原先創辦的基金會改為「壹基金」，並從二〇〇五年起開始籌備。具體行動可以是每個人在每個月捐一塊錢，以此善款救援災難事件。我跟向太太說明之後，向太太與我都各自捐出一筆款項，一半捐助這次的海嘯，一半作壹基金。

我心中最深處的動機是來自佛法。

佛法告訴我們「眾生平等」，這是基於每一個眾生都有成佛的潛力而說，而大乘佛法的核心概念是「菩提心」，這就是願意幫助一切眾生成佛的願心。每個人都有菩提心，每個人都是未來的佛，從現在到成佛，需要許多善緣的澆灌，才能讓菩提種子開花結果。

如何讓自己發起菩提心，也激勵眾生發起菩提心，進而使之茁壯，這就是佛弟子「利他」的責任與義務。此為我做壹基金的根本願心，就是搭建一個讓大家可以發起利他菩提心的平臺。在相對的佛法階段，需張開「慈悲」與「智慧」作為雙翼，才能在佛法的航道上，平穩翱翔。

又歷生死一瞬

二〇〇五年初夏，我拍攝電影《霍元甲》。這部電影有非常多武打畫面，有些武打動作要在木樁或高臺上進行。

一日拍攝，我發生意外，從八尺高的臺上跌落。

「砰！」的一聲巨響，我的背部著地，摔在地上，驚嚇到所有人。

躺在地上迷迷糊糊那一小段時間裡，我想到了「無常」。後來，我自己站起身，感受了一下，似乎沒有明顯的傷，也就不以為意。

進行電影工作的同時，我也持續修行，每年與堪布慈誠羅珠見面兩次，報告我的修行狀況，請上師給予指導。堪布說，按照我目前的進度，明年可以將五加行告一段落，接下來可以徵求老一輩寧瑪派的上師，給予大圓滿的四灌頂，有了灌頂，才能往下教。

我問堪布可以請哪位大德給予這個灌頂？他推薦四川藏區的阿秋法王。

拍完《霍元甲》之後，我與太太隨堪布的安排，前往四川藏區、海拔逾四千公尺的亞青寺，進行一個月的求法之旅。

接待我們的是阿秋法王的弟子阿松仁波切，他待我們很親切，詢問了我的修行狀況，也介紹亞青寺的佛法傳承。隔天我們拜見阿秋法王，法王安排好三日的功課，讓我們各自進行。

禪修三日，再次拜見，法王對我說：「你已看見水中的月亮，但那不是真正的月亮。你再繼續禪修，我們三天後再見。」

月亮在大乘佛法中充滿象徵意涵，它可以指涉我們所求的本來面目。月亮高掛於虛空，它的影子倒映於水面，水中月不是真正的月亮，但能見到水中月，也意味著見到月亮的形體，但還需要明白水中月終究不是真實。

聽到法王說我已見到水中月，我非常開心，彷彿修行進境就在不遠處。我帶著快樂的心情一路往山上跑，一直跑到山頂，席地而坐，俯瞰亞青寺壯觀的全貌，我獨自坐在那兒幾個小時，直到天黑下山用餐。

晚上睡覺時，我開始覺得呼吸不順，於是起身打坐。起初好一些，然而狀況急轉直下。我的呼吸變得短促，氣原本可以由丹田直上，現在只能從胸口上來，除了呼吸惡化，雙腿也開始失去知覺，逐漸地，下半身連便溺都控制不住。

呼吸越來越短淺、失去知覺的範圍益發擴大，我請太太找來阿松仁波切，晚間十一點，阿松仁波切緊急前來探視。我缺氧得非常難受，但氧氣桶在此時居然故障。阿松仁波切判斷這是嚴重的高山反應，必須立刻下山。

寺廟的護法喇嘛將我抱上車，由阿松仁波切開車，夜行山路非常危險，我們仍鋌而走險。山路顛簸，車速飛快，我聽到喇嘛們沿途不斷持咒，我的呼吸越來越短，那個當下，失去知覺的範圍倘若過了頸部，可能會就此昏迷。

「我是否會就這樣死了？」

「我能往生西方極樂世界嗎？」

「我現在還有力氣修破瓦法嗎？」

「我以前修的那些，能保我出輪迴嗎？」

「若我死在路上，這裡一位仁波切、一位喇嘛，會即刻幫我修法吧？」

「但是，他們有足夠的能力超度我嗎？」

「如果我逃過這一劫，要更加努力吧！」

這一路上，我想著、念著。如果順利活下來，我該過怎樣的生活？我也忍不住自嘲，以往總是故作瀟灑，出門跟太太道別時，還會開無常的玩笑：「我出了門可能會死喔！」回到家又說：「我活著回來了！」而此時，真的命在旦夕，我又要跟身邊的太太說些什麼呢？

在這個時刻，世間的名利權情幫不了我，一個氧氣袋才能支持我到下一站。十元一個的氧氣袋，此刻若可得，一百萬我也願意買下手。金錢的價值在生死的面前什麼都不是，無常往往就這樣發生。

車開了三個多小時，我也煎熬了三個多小時，才降到了海拔三千七百公尺，我的呼吸總算恢復一些。我們在診所買到氧氣袋，阿松仁波切送我到這，我們另雇車輛前往成都。

到達成都，慈誠羅珠堪布來探視，跟我說可能因緣未到，先不求灌頂，繼續按照原先的計畫修行。回到上海檢查，醫生判斷是幾個月前拍攝《霍元甲》時摔傷臟腑，平常沒有異狀，但只要到高山地區，就可能引發劇烈的高山反應。加上我當時在高山上沒有經驗，逕自跑上山，席地而坐了這麼久，寒氣從草地竄上身，遂引發了臟腑舊傷。

二〇〇四年底從南亞海嘯倖免，隔年拍電影摔傷，隨後併發嚴重的高山症，在三百六十五天裡，我經歷了三次命懸一線，這些事件是我生命中的重要啟發。

再訪印度的啟示

歷經生死交關之後，讓我對於求學佛法、跨越生死的渴求越發強烈。既然因為身體因素，暫時無法前往高海拔的藏區，我遂偕太太與幾位朋友，二度前往印度求法。

我們先到達蘭薩拉的上密院拜見噶瑪巴。我向法王噶瑪巴說明闊別這些年的修行狀況，也談及近一年內的三次災難。面對生命危脆，我的內心不斷地叩問：「有沒有修行速成法？」我知道這個問題很矛盾，但這確是我此行印度朝聖的最大動機。

當年為了拜見上師羅貢桑仁波切心中的一地菩薩——泰錫度仁波切，初訪印度時，亦前往仁波切駐錫的八蚌寺智慧林佛學院（Sherab Ling）；正逢仁波切閉關，無緣得見。本次再訪印度，總算有了機會。

見到錫度仁波切，我向仁波切提問：「根據經典記載，藏傳佛法中的金剛乘修行可以讓人今生成佛，或是在短短的幾世之內成佛，這該如何達到？」

仁波切回覆：「自古至今都有這個說法，但是未必如想像中簡單。」他接著說：「假使修行的歷程是走一百步之後成佛，這個目標明確，看似容易；如若此人不守戒律，不積極聽聞佛法與思考修持，即便他走了一百步，但倒退九十九步，就不可能一生成佛。」

這席話讓急於尋求解脫捷徑的我一時語塞。「如果這麼了不起的修行人都說未必能一生成佛，那我們這些俗人要從何努力呢？」我陷入失落的長考。

錫度仁波切還給我們一個印象深刻的教學。仁波切要我們伸出右手大拇指，竭盡所能地觀想自己一生至今的痛苦與不堪，將之全部集中在大拇指上。

我們以為這是一個密法的手印，非常努力地照做。接著，仁波切要我們小心地將這個滿載痛苦的大拇指，輕輕碰觸在右眼。仁波切反覆強調，要將所有悲傷的事都觀想到，不能有所遺漏。

然後仁波切要我們睜開右眼。

「現在，是不是放眼所見都是悲傷與痛苦？」仁波切問。

「將你的右手拇指拿開。現在你是不是發現，世界依舊美好，而你畢生的不幸與痛苦，也就一個拇指的範圍？」

「所有痛苦的感受，都是自己放大的，一旦只看痛苦，就無法察覺周遭的美好，其實沒有什麼不能改變，端看你的心往哪裡看。眾生的痛苦，往往是因為沒有認清『需要』與『想要』，需要的很少，想要的很多，這就成了貪念，也衍生出種種煩惱痛苦。」

此趟拜訪錫度仁波切很有收穫，我們也領受了彌勒菩薩的灌頂。不過，仁波切所說：「不一定一世成佛」的見解，卻也讓我心裡如同壓了一塊石頭；原先以為不遠的目標，如今感覺遙不可及。

我們一行人從北印度山區離開，回到城市，我送走了朋友，繼續拜訪幾位舉世聞名的大修行者，諸如：第三十七任直貢法王赤列倫珠（Drikung Kyabgon Chetsang Rinpoche）、第四十一任薩迦法王（The 41st Gongma Trichen Rinpoche）、第十一世敏珠赤欽法王（H.H. Minling Trichen）與竹旺諾布仁波切（Drubwang Konchok Norbu Rinpoche）。我也從直貢法王座前學習噶舉傳承的大手印（Mahamudra）教法。

當我拜見過幾位大師，在返回新德里的路上，錫度仁波切的管家喇嘛來電，關心我的行程是否順利，並邀請我得空可以到新德里的錫度仁波切居處作客。

我到訪時，錫度仁波切正與另一位上師聊得開懷。我們三人坐談，錫度仁波切彷彿接續日前在智慧林的談話，轉頭對我說：「要說百步成佛，你又怎麼知道，自己何嘗不是累積九十九步，就差那麼一步了呢？」語畢又是一陣大笑。

在智慧林時，仁波切讓我覺得一世成就無望，現在又忽然這麼說，我熱切追求解脫而緊張的心，就這樣一收一放，頓時感到一陣輕鬆。我才發現自己是多麼的僵化，還有在相對世界裡的那些對與錯、是與非、世俗與神聖、成佛與不成佛，等等二元相對的概念，都是束縛自心的繩索。

錫度仁波切用兩次不同時空的見面機會，將我自我設限的框架拆解開來。

眾生平等，人人公益

全世界七十幾億的人口，就像是七十幾億的人體細胞，各國是各器官內臟，歐洲是肝臟、中國是心臟、非洲是腦等等的，如果五大洲各自為政，一定會發生災難。

這就像是肝臟如果不工作了，心臟就沒有血可以用，心臟如果不工作了，血液就送不上腦袋。所有的器官，沒有誰比誰更重要，只有同心協力才能良好地運作。又如四肢末稍，看起來雖然不是重要的臟器，但如果有厲害的病毒從末稍進入身體，放著不管，那也肯定會釀成大禍。

所以我說，全人類是一個整體，地球是一個家園，每一個人都可以出一分力，集合起來去幫助需要幫助的對象。這就是「盡我所能，人人公益」。

壹基金是中國第一個民間發起的公募基金，創辦初期，因為法規限制，先在中國紅十字會下成立「李連杰壹基金」計畫。我本來不願將名字放上，但彼時考量到，基金會亟需社會大眾的關注，同時壓低宣傳成本，才做此妥協。我常說：「沒有李連杰的壹基金，才是真的壹基金。」壹基金的公益形式與作法，在中國是空前的。二〇〇五到二〇〇六年的籌備時間，我到很多國家去，向許多學校與基金會學習，參考世界各國的公益組織作法，創辦出適合中國的模式，並用盡全力宣傳。

我拍第一部電影《少林寺》時，就擔任了主角，這麼多年的從影生涯，我向來多是受盡優待的那個人；如今投身公益，則必須時時刻刻彎下腰，徵募志願者與資金。我有時揶揄自己：「我做公益之後，就成了孫子，不再是世界的中心啦！」

我不斷地重複壹基金的理念，將志願者一個一個拉入團隊，我也像個公益傳道人，為壹基金勸募每個人每個月一塊錢的善款。剛開始，有些人不瞭解，批評我何不捐出自己的電影片酬，反而跟社會大眾一塊錢一塊錢地勸募。

我捐錢助人，善的果報還是會回到我身上，所以我希望邀請大家一起捐錢助人，看起來雖然是布施恩惠給他人，但其實善果最終將回到捐助者自己身上。通俗地講，就是：「今天你幫人，哪天就換人家來幫你了！」而且，我個人發一份善心，是傳播一顆善的種子，若有一千萬人發起一千萬份善心，則是傳播一千萬顆善的種子，當種子發芽之後的影響力無遠弗屆。

有句話是這麼說的：「給出去的才是你的，留住的只有保存權罷了。」

壹基金於二〇〇七年四月十九日正式成立，當時工作人員僅有范娜小姐一人，我們借用電影公司的空間與幾張桌椅，草創起來。那兩年間，我若有電影作品發表，如《投名狀》、《功夫之王》（*The Forbidden Kingdom*）與《木乃伊3：龍帝之墓》（*The Mummy: Tomb of the Dragon Emperor*，又譯為《神鬼傳奇3》）等，只要媒體採訪，我一定抓住機會為壹基金廣告。二〇〇八年即將舉辦北京奧運，我便與國際運動品牌合作，以代言換得企業捐款，諸如此類。為了實踐與號召「人人公益」的理念，我投入所有的精神與資源。

二〇〇七年底，我在廣州宣傳電影，隨後要趕往香港，忽然接獲通知，北京有一個企業家年會，可以給我五分鐘宣講。為了這五分鐘的機會，我連夜從廣州飛往北京，預計講完後再折返香港。站上講臺，我向在座的企業家們呼籲：「物質與精神要一起關注，就像火車軌道需要平衡一般。倘若我們每個人都為利他付出一點點，那集合起來的力量將成為改變家園的巨大動能。」

宣講之後，賓客們各自用餐談笑，此時，一位企業家看著我問：「壹基金的理念是不錯，但要如何落地？」一時之間我無法具體回覆，只說了「專業、透明、可持續」等願景。這位企業家說：「這樣吧，我下週在海南，如果你願意來，我們可以談三天，清晰地定義實踐的方法。」

我答應了這個邀請，這位企業家正是馬雲。

汶川大地震救災

二〇〇八年一月，我到海南與馬雲見面，討論壹基金的落實方向。馬雲問我，壹基金的定位與執行目標？我回答：「自然災害、環保、醫療與心靈關懷。」這些都是我長期關注且希望推動的項目。馬雲聽完後，以他的經營管理觀點，逐項跟我分析。

馬雲提到，壹基金是剛成立的非營利組織，且是尚未獨立運作的公募基金，在制度運作上本有一定的難度，所以初期成果必須可以被公眾驗收，捐助者與志願者才能建立信心，組織才能站穩腳步，建立健康的循環。

馬雲也建議「環保與醫療」這兩項太籠統，以環保來說，需要考量政府制度，也需要企業參與方能見效；醫療則過於龐大，例如心臟相關的基金會、肝臟相關的基金會，或是不同疾病的基金會，數以百千計的子項目，短期內難以驗收成果。至於「心靈關懷」，就醫學角度，如何防治仍是難題。這些都不適合剛成立的壹基金進行。

經過三天討論，我們把壹基金的主要工作定義為「自然災害下的緊急人道救援」。

二〇〇八年五月十二日，四川發生汶川大地震，這場浩劫撼動半個亞洲。我在新加坡接到電話，馬上組織團隊處理，並連夜飛回北京，與中國紅十字會召開記者會啟動緊急救援。隔日，我請Vincent與另一位伙伴前往汶川災區，瞭解當地情況，我則轉往上海呼籲大眾以各種管道捐助。九月，我帶著大量物資從上海飛往成都，轉入災區。壹基金經過幾年的努力，彼時已能順利徵募到臨時志願者，協助搬運大量的物資，進行第一次的大型災難救援。

過去數年間，我宣傳壹基金不遺餘力，有些人批評我是為了個人知名度而作。面對這些批評與質疑，我首先想到的是：他們懷著情緒肯定很不好受。我不在乎被罵，但是罵我的那些人，可能因為我滿不在乎而更加不滿，這樣堆疊出來的負面情緒，實在讓我為他們擔心。

從佛法來講，我將這一切當作修行與瞭解自心的過程。得到的稱許與譏諷，在公眾流傳的詆毀與聲譽，都是佛教說的世間八法，都是應該放下的東西。如果情緒因此起伏，我就客觀地面對情緒，看看是誰在不滿？誰在喊冤？這一切努力若是利他，沒有我（Ego）的成分，那麼種種攻擊，就像打向沒有靶的子彈，任它飛過就好。

救災期間，有十幾萬的年輕人在網路上捐助，一人一塊錢，一元一元地疊加，一點一點地匯集，最後竟然累積到七千萬！這是前所未有的事情！

後來，當Vincent拍攝的災難現場第一線影片流出，社會大眾看到第一批志願者救援組織正協助政府救災，大家很是震撼。壹基金發放的每一筆物資，都經由第三方會計公司留下透明的紀錄，這也讓捐款人願意繼續信任壹基金。

縱然推動過程充滿辛苦，但在遭遇天災之時，首次組織民間志願者，有新的模式可以因應災變；全民可以用最小的捐款額度，投入自身力量參與。多年來壹基金遭受的質疑與不解，在這一刻，終於獲得了認同。

雪中足跡

二〇〇九年一月三十一日，我在瑞士達沃斯（Davos）參加世界經濟論壇（World Economic Forum, WEF）的頒獎儀式。

因為壹基金的創立與運作利益了許多人，所以ＷＥＦ特別頒獎給我。在頒獎典禮上，主辦單位表示，過去的公益模式，可以分成「比爾蓋茲模式」，即是以自己的財力資源發起行動，以及「德蕾莎修女模式」，即是以宗教的情操作為號召，而李連杰架起了一個新的中間模式，讓全民的小額參與匯集成力量。這個獎不是我個人的榮耀——壹基金集合了所有工作人員和志願者，以及千千萬萬的捐助者，這個獎實屬於壹基金的一家人共有。

Davos是舉世聞名的雪國，我望著窗外的銀白世界出神，想起二〇〇三年底在美國紐約山區的象岡道場。那一次由聖嚴法師帶領的默照禪十日閉關，屋外也是白茫茫一片的雪景。

當年的十日禪修體驗很特別，那段時間裡，我從期待、焦慮、失望，再經過一段禪修體會，轉而放下與自覺。閉關結束後，我走出房了在雪中漫步。護關志願者們正為了大眾的餐食而忙碌。

我望著這個畫面，頓時一陣無法遏止的感動湧現。我站在雪地不停地流淚。

佛經裡有一則典故，佛陀指出，供養一盞燈可以獲得無量功德。以前讀到這則故事，似懂非懂，總覺得這只是佛陀的比喻。此刻的我，目睹這群志願者在雪地裡奔走，他們的動機就是護持十日閉關的禪眾，他們單純的願望與行動，讓百餘人在此安心修行。若這些禪眾有人因此在此生或來世開悟成佛，這位佛又去幫助無量眾生，這一切，都有一份志願者曾經發心，在雪中煮飯的努力，點點滴滴的功德累計，真正難以計算。

這個當下，我真切地感受到佛陀說的法。用心感受到的佛法，遠遠超越語言可以描述。

圓滿當日下午，聖嚴法師找我談話，我向法師表達內心的體會：「我帶著期待而來，經歷沮喪而後放棄，也因為放棄，發現自己找錯方向。我看見志願者在雪中工作，觸動了我對兩千五百多年前佛陀說法的感動，明白了供養一盞燈照亮黑暗，何以會有無量功德。」

在Davos的雪景中，我遙想聖嚴法師。

兩日後的二月三日，我接到May姐來電，得知聖嚴法師圓寂。

接獲消息的當日，我急忙從瑞士安排前往臺灣。抵臺之後，我在飯店裡徹夜無法成眠。二月五日，我上法鼓山為聖嚴法師送行。

聖嚴法師圓寂後，法鼓山各地道場開始二十四小時報恩念佛。我向方丈果東法師請問聖嚴法師的遺願，果東法師告訴我，聖嚴法師曾交代弟子以念佛送行。此刻偌大的法鼓山上，從山腳到山頂，從山徑到大殿，滿是前來頂禮法師的弟子與信眾，整山數萬的人，只聞莊嚴的「南無阿彌陀佛」的念佛聲，沒有哭泣，沒有閒談。

我的心中非常感動，聖嚴法師圓寂，也仍善用這個機緣引渡人們念佛。難道法師真想聽見念佛的聲音？法師實是為念佛的人種下一顆善緣種子。這顆種子將來發芽茁壯，無論經過多少時間，這個人終至成佛，在他成佛的基石裡，有一塊是聖嚴法師的遺願所成，是師父親手為他疊一塊磚。一個利他的念頭，成就了無量功德，道理正是如此。

電影《海洋天堂》與健康危機

北京電影學院畢業的編劇薛曉路女士，曾在許多志願者組織服務過，她以親身的觀察與經歷編寫了《海洋天堂》（*Ocean Heaven*）電影劇本，主題是描述自閉症（Autism）患者與其父親的親情故事；電影預計由她本人親自執導。電影劇本輾轉經由《臥虎藏龍》（*Crouching Tiger, Hidden Dragon*）的製片江志強先生拿給我看。據說當時很多人都推掉了這個電影，我便答應了這個戲約。

我一向關注現代人的心理健康議題，我認為物質關懷僅是短暫救急用，心靈的關懷則是持續的。自閉症兒童是家庭的難題，如果孩子的症狀比較嚴重，雙親之一甚至必須全職照顧。《海洋天堂》電影中，主角父親是個已知罹癌不久人世的單親爸爸，為了安排好自閉症兒子未來的生活，他在僅剩的數月生命裡，付出最大的努力，互動過程真情流露。我知道劇情改編自真實故事，所以格外感動。

長久以來，我養成了嘗試將佛法知識運用到生活中的習慣，透過日常與工作，檢視自己言行是否一致？理念用說的容易，做的時候是否會掙扎？我從事公益事業，希望實踐利他的精神，然而，面對謀生賺錢的電影事業——當時我拍一部電影的片酬約是一千萬美金，我能否真的放下呢？

做這個決定的過程是非常不容易的，因為商業電影的美金一千萬片酬、如此現實的利益就擺在那兒，同樣是拍一部片，以金錢價值來說，肯定是去拍報酬高的，也許賺了一千萬美金之後，再來轉做其他公益事業也很好。如此種種的想法，思來想去，在信仰價值的實踐上，也不斷自我詰問。

最後，我決定將這部電影看成一個實踐利他的機會，決定以人民幣一元的片酬，擔綱《海洋天堂》劇中的父親角色。

電影開拍前某一日，我在新加坡的一所大學為推廣壹基金演講。對於這種場合我向來不緊張，就是真誠直白地說出心裡話；不知為什麼，那天我站在臺上卻一直發抖。這種情況非常奇怪，我完全無法控制，前所未有。結束演講後，我前往青島拍攝，途經香港時與向太太碰面，她看見我瘦太多，堅持要我去做健康檢查。

到了青島，才下飛機，就接到醫院的來電。

電話那頭說：「李先生，我不知道怎麼跟您開口。您的身體狀況的確跟以往不一樣了，有些數值非常不好，但您先別緊張。」我聽到護理師這樣的開場，心裡一沉，隨後請她繼續說。

「很可能是癌症。但還需要等檢驗報告齊全之後，由醫生跟您聯絡。」突如其來的消息讓我驚嚇了一下，但隨後回神細想，就算是癌症，也還有一兩個月可以活吧？夠把這部電影拍完了吧？反正我飾演一個癌末的父親，正好可以真實地感受。

掛上電話，我沒有跟其他人透露，一切如常。隔天，醫生來電了：「李先生，有個好消息，也有個壞消息。好消息是您這病不是癌症，可以安心一些；壞消息是這是甲狀腺亢進。正因為這樣，您才會長期覺得餓，而且讓您暴瘦。」

得知了病況，我想著無論如何先拍完電影再開始治療，於是帶病拍戲。當時的我壓力極大，主要是因為壹基金有了輪廓，但未來的面貌仍未清晰。

這部電影推出之後，由於不是商業電影，票房反應不好，也不太有人願意播放這部電影。我在此思考，我一生的電影作品大家都是搶著放，但為了公益所拍的電影在市場上就是這麼現實，因為這樣的價值很難被大眾理解，也很難被大眾以行動去認同。我的修行之路也是如此，很難被多數人理解，甚至是必須獨行上路。

後來，導演給了我不同角度的回饋。導演告訴我，自從電影上映，她陸續收到三千多位自閉症兒童家長的訊息與電話，希望轉達對我的感謝。我很感動，因為不論票房如何，我們至少獲得了這三千位家長的認同。在這條孤獨的路上，我們仍有同伴。

第三階段：二〇一一年——二〇一七年

身痛，心性不苦

自從罹患甲狀腺亢進，我的心跳經常高達每分鐘一百多下，就算身體靜止不動也是如此。甲狀腺是掌管全身新陳代謝的器官，一旦甲狀腺賀爾蒙過多，就會造成甲亢。甲亢聽起來不算太嚴重的問題，通常服用藥物便可加以控制；猶記剛開始護理師說可能是癌症，相較起來，甲亢已經是比較容易治療的疾病了。

服藥過了好一陣子，發現藥物治療對我無效。原先醫生說吃藥有很大的機率可以有效控制病情，結果我是那少部分的無效患者。我的身體因為甲亢而非常難受，前前後後看了許多中醫、西醫，還是一籌莫展。

進一步積極治療甲亢的方式，還有服用放射碘（碘 131），破壞甲狀腺細胞，但可能造成甲狀腺低下，餘生都要服藥。另外就是開刀切除甲狀腺，但開刀的風險包括切除太少效果有限、傷及喉嚨神經，導致聲音沙啞或永久失音。持咒修法是我重要的修行功課，我不想因為開刀而有失音的風險，經過慎重考慮，我選擇服用碘 131。

一開始服用碘 131，用了五個單位。一段時間後，在我體內的放射線含量，足以在過海關時弄得警鈴大作，我戲稱這種藥是小型原子彈。經過約莫半年的服藥療程，病況依然沒有好轉，我再次成了那少部分的無效患者。

於是醫生為我加量，加到八個單位，又持續吃了半年，此時怪事發生了

——檢驗結果出來，仍舊完全無效。醫生也很意外，藥物治療到這種程度還不見效的人，只占百分之一到三，我竟然是那稀少的天選之人。這時忍不住調侃自己：「真是倒楣，每次都在最小的機率裡中獎！」

從二〇一〇年發現罹患甲亢，經過兩年積極治療，居然沒半點進步。這個病彷彿要跟我糾纏到底。我的心臟持續快速跳動，我的體重急遽減輕，我的雙眼開始突出。

身為一個電影演員，我知道面貌變形，意味著演藝之路即將斷絕。雙眼突出的扮相，要怎麼拍電影？不過對於疾病造成的事業危機，我倒不十分困擾，反正長江後浪推前浪，人一定會老去、也一定會被淘汰，或是時候到了主動轉行，只是早晚罷了。我要讓自己從高峰慢慢下來，我要看著自己，從眾人焦點慢慢移開。瞭解自心狀態的轉變，是我需要經歷的修行，雙眼突出，則是一個具衝擊性的生理轉變。

一路走來，我用盡各種醫療與方法，一次又一次被醫師宣判治療無效。甲狀腺亢進倘若持續惡化，可能演變成「甲狀腺風暴」，屆時多種甲亢症狀齊發，更嚴重者，可能會出現心臟、呼吸或多重器官衰竭而亡。掉入看不見盡頭的疾病與醫療黑洞中，一般人挺得住嗎？我又是怎麼樣的業報成熟，才會遇到這般難題？

最後，醫師將碘 131 加量到十單位，又繼續服藥，過了半年，病情才真正被控制住。但也因此從甲狀腺亢進轉變為甲狀腺機能低下症，需要一生吃藥才能維持平衡。

與甲亢奮鬥的過程中，身體屢屢敗下陣來。那幾年，我正全心為壹基金衝刺，雖說出發點是為了追求公益，但因為設定了工作目標，自然就會有所期待，也造成了壓力。

醫生對我說：「內分泌混亂就是壓力與緊張造成的。」我辯解道：「我學佛法，瞭解無常與緣起性空的道理，生也行，死也行，我看開世事，不至於因此生病。」醫生回覆：「這是你的想法，但是你的身體很誠實地證明了你的壓力很大。」

縱然我在診間對著醫生大談佛法，但是理論跟實際還是不在一條線上；事實上，即便是脫離了自私的「小我」，追求公益的「大我」，終究也還是有「我」，而所有的煩惱痛苦就是從「我」去累積出來的。在這個階段，我深刻地體會到，我對佛法的理解依然還在理論的層次；我以為我做到了，事實上沒有。

其實，在二〇〇七年時，我拍了三部電影，工作之餘的時間，幾乎全部投入公益事業。當年二月分的時候，我曾有兩週的時間，為公益事業籌劃思考到頭髮都白了。某次從橫店開車到上海參加活動，在回程的路上，我累得躺在車後哭。

我想：「這一切值得嗎？」

原本好好被人伺候的生活，如今辛苦成這樣，承受很多誤解，實在很疲勞。我一路流淚，我演藝生涯裡從未碰過的委屈、辛酸、痛苦，都隨淚流淌。

佛法中講的慈悲心與利他是有層次的，而這些就是我必經的過程。聖嚴法師晚年罹患腎病，某次公開講座之前，我與法師在後台相談，我說：「您這身體多麼痛苦啊，每週都要洗腎。」法師心平氣和拉住我的手答道：「真的很痛，但是不苦。痛是肉體的事情，苦是精神的情緒。」這幾年的甲亢歷程，我重新體會聖嚴法師所說的話；過去所學的佛法，都成為更深刻的體悟。

青海震災與回饋社會

二〇一〇年四月十四日早晨，青海玉樹發生大地震，當地建築多為土木結構，因此災情慘重。

猶記二〇〇五年，我二度前往青海，預計向阿秋法王求灌頂時，遭遇了幾乎喪命的高山症，後來經醫生診斷，引發嚴重高山症的原因是在電影《霍元甲》拍攝時摔傷了臟腑。內臟的震盪無從醫治，不知何時復原，也不曉得是否會復發。偏偏此時我的甲亢非常嚴重，心跳恆時過快，健康狀況比上次更差。

「究竟要不要前往災區？」成了我非常猶豫的問題。當年是一個意外，而如今是一個選擇。救災刻不容緩，壹基金的緊急救援聞聲啟動，志願者組織規劃前往災區協助。我問太太的意見，她說：「就問如何你才不後悔？」我決定去。如果倒，就倒在那兒吧！先前往海拔約兩千多公尺的西寧，先到現場，再做打算。

決定出門很不容易，行前，我與太太慎重地告別，我們都不知道我此去能否平安歸來。面對這般險峻的狀況，我的思考，我的決定，那些因果輪迴與世間痛苦是怎麼回事？佛法教導我的，現在全部攤開，在眼前逐一檢視。

所幸這次到青海，有朋友為我準備氧氣，身體雖然難受，但沒有特別的危險。只是種種不適，讓我在夜裡無法躺著入睡，僅能倚座而眠。

某日在文成公主廟附近搬運物資，因為下了大雨，我想找地方暫避一會兒。我看見不遠處有一頂帳棚，便走過去避雨。掀開帳棚的剎那，我楞在原地。這個帳棚裡躺著十幾具屍體，身上都帶著爛泥，他們之中有一般人，也有一些喇嘛。

我也看過當地人沿著山勢挖出一條溝，堆了柴薪，潑灑汽油，將罹難者的屍體一具一具安放上去，上千個喇嘛合掌齊聲唱誦，在迴盪山谷的吟誦聲中點火，將罹難者的肉身還諸天地。

我思考著，是怎麼樣的因果，讓這些眾生流浪於生死輪迴？這些罹難者將來還能再次投生為人嗎？若不能，就此失去了聽聞與修學佛法的機會，而他們的心，還要如此飄浪多久？

自從二〇〇四年底遭遇南亞海嘯，決定投身利他，並於二〇〇五年一月宣布籌備壹基金至今，已近六年。這段時間裡，我以一份利他的善良發心，做了六年乞丐——乞求著每個人的善良與慈悲，搭建壹基金這個平臺。「人人公益」的理念，從被質疑嘲諷，直到逐漸被接受；幾次救災行動，包括此行動員前往青海，亦獲得認同，一路走來，可謂歷盡千辛萬苦。

二〇一〇年十二月三日，壹基金終於獲准成為法人身分，可以從中國紅十字會底下的專案獨立出來。隔年一月十一號，我們正式宣布「壹基金」成立，展開獨立運作。此後，「李連杰」三字不再是壹基金名稱的一部分——這是真正將壹基金供養給社會的時候——我終於完成了階段性目標，也完成了我的心願。

回想小時候練武至今，曾領受過上百位老師的教導；而後的人生路途，也有許多人幫助過我，施恩於我。我以此感恩生命中所有相逢的際遇。

走向歸途

當我完成了壹基金的階段性目標，就像是走完了一場名為「大我」的修練。我在這個階段裡，依然覺得沒有解決生死的根本問題。身心疲勞的此時，正好是一個轉向追求「無我」修道的契機。

朋友得知我患了嚴重的病，建議我修阿彌陀佛的淨土法門。我想，這可能是在提醒我人生無常吧！聲名、利益、權力、感情，隨著健康衰落而飄搖不定，如同海市蜃樓、鏡花水月。既然此生已然如此，就為求生淨土準備罷。我請May姐幫忙，迎請明就仁波切在二月分時，到新加坡家裡傳授阿彌陀佛灌頂與法門。

明就仁波切慷慨地答應了。在佛堂舉行法會後，我跟仁波切聊天，知道他預計再做一次至少三年的長時間閉關，且是獨自出走的閉關，我感到非常震撼！

明就仁波切早在十七歲時，就完成了一次傳統的三年三個月閉關。而後他又完成了第二次的三年閉關，這是相當不容易的修行歷程。如今他聞名全球，世界各地都有弘法據點，又有非常多出家與在家的弟子，可以說走就走？容我打個世俗的比方，就像一個年輕有為的上市公司老闆，忽然說要放下一切離開公司，這非常困難。我甚至擔心，他獨自出去流浪，活得成嗎？

這些年我經歷事業的高峰，也度過創立壹基金的歲月，身心勞頓；如今疾病纏身，步步緊逼，更覺人生無常。聽完仁波切的計畫，我有股衝動，想要同仁波切一起去喜馬拉雅山裡閉關！然而現實狀況終讓我難以下定決心，僅是暗暗在心裡揣著念著，歎服仁波切的決定。

明就仁波切即將進行長時間的閉關。眼看著能跟他請益的時間不多了，我趕緊參加在新加坡舉辦的開心禪（Joy of Living）課程；並在四月分飛回香港，參加由仁波切帶領的十日禁語閉關。

二〇一一年可以說是我回歸修行的一年，向明就仁波切請求阿彌陀佛法之後，恰逢第四十一任薩迦法王蒞臨新加坡舉辦阿彌陀佛法會，我偕太太一同參加。當時薩迦中心的壇城上有三尊阿彌陀佛像讓人請供，我覺得這是很好的因緣，於是請供一尊，而後請薩迦法王將佛像送給需要的人。

沒過多久May姐來信，道是宗薩仁波切預計七月在加拿大，給予邀請制的密續課程，我相當感興趣。據說宗薩仁波切的上師頂果欽哲仁波切（Dilgo Khyentse Rinpoche）有令，要求宗薩仁波切五十歲之後才能傳授這系列的密法，而這一年正是宗薩仁波切的五十歲生日。為了把握這個珍貴的機會，我推掉一部中國的片約，再推掉了一部美國的片約，於七月分赴溫哥華參與閉關課程。

在溫哥華閉關某日，遇到一位來自法國的女士在院子裡哭泣。我上前關心：「你還好嗎？有沒有我能幫忙的地方？」

她一邊落淚一邊述說：「我跟隨宗薩仁波切學習二十多年了，但他這次說『所有的法都是空的，沒有法，也沒有主體。』那我是跟誰學？我又在學什麼呢？」

兩千五百多年前，釋迦牟尼佛宣講大乘佛法要義《法華經》時，在講席上有五千位弟子無法接受這麼深奧的教理而離席。現在這位女士聽到宗薩仁波切宣講「空性」而失望，不正是同一件事嗎？我們生活在相對的世界裡，忽然要接受一個超越相對的世界，何其困難啊！

宗薩仁波切的生日恰好在這段課程時間裡，仁波切提議舉辦化裝派對，規定所有參加者都必須化裝易容。西方弟子們都忘我投入，於是出現了各種稀奇古怪的裝束。

當下的我則想到，自己身為一個公眾人物、電影明星，若不慎讓奇裝異服的照片流出，有多丟人啊！我也深覺自己拋不開「我」的執念，好像「李連杰」這副硬殼無法被輕易敲破，所以悄悄地婉謝了邀請。

看著這些西方弟子拋開原本的「我」且樂在其中，我察覺自己在修持佛法上，還有漫漫長路要走。這個化裝派對，就是宗薩仁波切以他的善巧與智慧，讓參與者去發掘、省視自己內在的執著。

比福報更重要的事

這些年為了壹基金忙碌，實在無法依照佛法傳統的功課，按部就班修行；即便如此，每年我還是安排時間，與上師慈誠羅珠堪布見面請益。壹基金在二〇一一年正式獨立運作之後，不再需要我帶領團隊或籌募資源，堪布在某次跟我的長談中提及：「你所做的公益事業，都是在相對層次應該累積的善行，不過，這一切仍是人天福報。如果要超越生死，還是需要進入修持。」

堪布的一席話，就像警鐘一般，一下敲醒了我。

推動公益事業讓世界更好，這在相對概念的世界中，能讓我們平衡地生活，得到世俗的安穩與快樂。但這個世界仍屬六道輪迴，公益所獲得的人天福報再多，距離我想超越生死的目標還是很遠。

在我學佛的路上，至此儼然是一個分水嶺，如今才更契入大圓滿的修持。

既然要實修，我可以為此再來一次！堪布給了我一本寧瑪派大圓滿的修行指引《上師心滴》，並指導我大圓滿加行的修法。這就像是將以前曾經修過的五加行，但這回則更加嚴格，所有的持誦咒語累積都必須在佛堂打坐觀想中完成；行住坐臥間的持誦是不算數的。

接下來三年，我不斷與甲狀腺亢進奮鬥，希望惡化的身體狀況得以控制，同時也降低以往的工作量。我將主要的心力放在跟隨堪布嚴謹的修行安排，逐步完成功課。二〇一四年，我的健康狀況總算趨於穩定，加行的修法也即將告一段落，慈誠羅珠堪布便要求我在夏天入藏閉關。

某個夏日清晨，我與助理從四川成都開車出發，前往色達縣的五明佛學院。我們不斷趕路，傍晚時分才到爐霍縣。夜色漸深，我們摸黑繼續開車，視線不佳，途中又遇到公路維修，顛顛簸簸，漫漫長路，總共經歷了十八個小時才抵達五明佛學院，那時已是深夜一點鐘。

沒想到，遠遠看到上師慈誠羅珠堪布竟站在路邊等候！夜幕籠罩著上師的身影，一切既模糊又清晰，我的感動溢於言表！上師取了他自己的大衣，讓我蓋著頭走進去，一切低調行事，不因我的到訪而打擾了住眾。

安頓好閉關房住處，送走上師，我開始出現高山反應，呼吸困難。我們所在之處約莫海拔四千公尺，收訊很差，難以對外求援；我強撐著身體打坐，無法成眠，助理非常擔憂。好不容易捱過一夜，翌日，上師過來探視時才知道情況，隨即安排我們轉往海拔三千七百公尺的另一處關房。

遷居的關房環境清靜優美，與世隔絕。這裡沒有電，用水需要請附近的牧民背上來，燃料得親自撿拾柴枝。高海拔地區水的沸點低，怎麼都燒不滾，但用來泡麵足矣，加上堪布帶來一串長籤串起的餅；有了這些糧食，我有信心閉關八天不成問題。

這裡僅有幾位喇嘛，都發願終身進行大圓滿閉關修行。看著他們精進修持超過二十年，反觀我自己的微末道行，怎麼可能超越呢？如此一想，難免有些氣餒，但又想起泰錫度仁波切曾跟我說的，安知我生生世世以來，已經修行了多少時間呢？不打緊，別人在此閉關修了二十年，我雖然僅閉關八天，但我也踏實做好自己的功課！

高山上的閉關行程很緊湊，按照閉關傳統，一天需安排四座法，一座修法是兩個小時。這段時間裡，必須專注在上師指定的佛法功課上，念誦經文、禪坐、觀想與持咒。早晨六點到八點是第一座修法，十點到十二點是第二座，下午四點到六點是第三座，晚上八點到十點是第四座，中間的時間空隙，就是用餐時間與上師指導時間。

上師慈誠羅珠堪布在佛學院執教，卻不辭路途辛勞，天天來回四小時，指導我的修行。上師的要求極其嚴格，驗收我的修行狀況時，不許用任何佛法的語言描述，必須完全以「自己的話」闡述心得才行。上師要確保我透徹瞭解每個環節，確定懂了，才繼續往下教。

閉關圓滿之後，上師留下兩種修法作為功課，讓我回家繼續修持。一種法修三個月，共需時半年。

回到家庭日常，不似在山上閉關，就要提起很大的力量來抗拒誘惑。太太一會兒看電視劇，我得忍住不能跟著看，太太一會兒來關心我餓不餓，我也得忍住，專注在自己的修行功課。馬爾地夫的四季酒店邀請我們一家人，於聖誕節時再去度假，我請太太帶女兒去，自己不去。這七天我要留在家裡，將蓮師心咒及皈依祈請文等各十萬遍的功課持誦圓滿。

慈誠羅珠上師在年底會飛來新加坡，確認我的修行進度。考核通過之後，上師會再留兩種修法給我接著修，也是需時半年，直到隔年夏天再次入藏閉關。

二〇一四年起的這個修行節奏，就此持續了五年。

乞求灌頂

「灌頂」在藏傳佛教中，特別是密法的修持裡，是極其重要傳法過程。

透過嚴格的儀式，上師授予弟子某個法門的修持許可，在利他的前提下，使自心達到究竟的解脫。打個比方來說，智慧型手機都需要安裝應用軟體，它的價值才能發揮出來。我們就像是手機，灌頂就像是安裝軟體，當我們得了灌頂之後，才能作更進階的修持。

早在二〇〇五年，我已在慈誠羅珠堪布的指導下，完成了四共加行與五加行的功課，按照祖制，為了往更深的階段修持，必須取得比堪布更高輩分的上師灌頂才行。當年入藏拜見阿秋法王正是為此，結果得了嚴重的高山症，命在旦夕，不得不緊急下山，求法未成。

如今我欲求的大圓滿灌頂非常重要，一旦沒有這個灌頂，慈誠羅珠堪布就無法往下教。我向堪布請問，還有哪一位上師可以給予灌頂呢？堪布推薦了宗薩仁波切的父親——聽列諾布仁波切。

所以，當宗薩仁波切到新加坡弘法時，我便前往面見仁波切，並懇請仁波切幫我向他的父親乞求灌頂。仁波切答應幫忙聯絡，但是他也沒有十足的把握——諾布仁波切向來非常有個性，不輕易傳法。過了一段時間，我與宗薩仁波切再次見面，問起求法這件事，宗薩仁波切說父親不接電話，他只好央請自己的妹妹協助安排。

二〇一〇年是法王頂果欽哲仁波切的百歲誕辰紀念，各教派的大德預計在尼泊爾舉行一場大型的紀念法會，據悉，德高望重的諾布仁波切也會參與。我趕緊請問宗薩仁波切相關消息，雖確定了仁波切的妹妹已經跟諾布仁波切提過我想求灌頂的願望，但諾布仁波切沒有回應。

我想，無論如何，就飛去尼泊爾當面請求吧！

我隨即訂了機票，也請Vincent提早兩日到尼泊爾安排。Vincent到了尼泊爾，向諾布仁波切稟明我欲請法的事情，但諾布仁波切只回覆說他知道此事，卻沒有給予肯定的回答。

沒關係，我明天就到尼泊爾了，只要諾布仁波切在就好！

隔日，我跟太太在新加坡，臨出門前的最後一刻，家裡電話大響，是Vincent打來的。他說：「今天一大早，諾布仁波切就搭飛機走了！」電話這頭的我，一顆心像是掉入無底洞。紀念法會都還沒開辦，諾布仁波切怎麼就這樣離開了？

任憑我如此精心安排，還是失去了乞求灌頂的機會。

像是諾布仁波切這樣舉世公認的佛法成就者，行事已經超越了相對世界的邏輯思考，弟子求法當然會完全尊重上師的決定，只是，我也深刻地反思，是不是自己的修行累積還不夠呢？二〇〇五年與二〇一〇年兩次求灌頂都失敗了，機緣總是不圓滿。

接下來的幾年，我隨著慈誠羅珠堪布的指導，繼續修持大圓滿加行與前行。二〇一四年夏天起，我開始安排時間入藏閉關，此時的修行進度，非得灌頂不可了。然而隨著越來越多前輩上師圓寂，可以求灌頂的對象也越來越少。我向堪布請問，還有哪些大德可以賜予灌頂？於是堪布給了我一份名單。

承蒙明就仁波切在二〇一一年出走閉關前夕曾跟我說，但凡我有修行上的需求，都可以向他的胞兄措尼仁波切請求協助。兩位仁波切的家學淵源，與許多前輩大德都有很深的緣分，此次為了尋找灌頂上師，我打算向措尼仁波切求助。

我趕緊聯絡May姐，她總是熱情且不遺餘力地協助我的求法需求。May姐說措尼仁波切人在臺灣，可以幫忙引見。所以我在二〇一五年十二月，前往拜見正在臺灣弘法的措尼仁波切，仁波切熱情慷慨地答應協助。

我們第一位聯繫的是高齡一百零二歲的賈札仁波切。賈札仁波切非常嚴格，幾乎不給這個大圓滿灌頂，於是措尼仁波切轉向賈札仁波切的女兒求助；溝通了兩三日，賈札仁波切好不容易點頭答應，願意一試，不過必須等他的身體狀況好一些才行。聯絡至此，看似穩妥，我便向措尼仁波切告辭，飛離臺灣。

兩週之後，消息傳來，賈札仁波切圓寂了！

這究竟是怎麼樣的因緣？從二〇〇六年直至二〇一五年底，三次求灌頂失敗，而且這些有資格給灌頂的大德陸續辭世，我不由得更加焦慮了。我立刻致電給措尼仁波切，請求他再次幫忙。

幸好沒過多久，措尼仁波切傳來令人振奮的消息，揚唐仁波切有機會可以給予灌頂！我急忙懇請慈誠羅珠堪布與措尼仁波切分別為我寫推薦信，揚唐仁波切知悉之後，終於答應了這個請求。

二〇一六年初，在佛陀聖地菩提迦葉（Bodh-gaya）的法會上，揚唐仁波切預計暫時離席，飛回南印度的女兒家裡，給予我這個萬般難得的大圓滿灌頂。

獅子吼與菩提心

自從我罹患甲狀腺亢進的消息傳出之後，網路流傳有許多錯誤的假訊息，甚至說我已經病故。泰錫度仁波切的管家喇嘛來電問候，得知我將前往印度領受揚唐仁波切的灌頂，所以喇嘛也會盡力安排我們拜見錫度仁波切。

二〇一六年一月中旬，我們飛抵印度新德里，住宿一夜，與錫度仁波切相約隔日共進早餐。我們已有十年未見，所以非常期待這一次的見面。

在錫度仁波切住處吃早餐時，我向上師說明，闊別這些年的經歷與修行。特別是壹基金，這是我費盡心血、投注所有資源從事的公益事業。我跟許多上師提過壹基金，上師們都顯得很開心，反應也多是讚許褒揚。但在此刻，錫度仁波切一聲大吼：

「這個在炫耀自己的人是誰！」

氣氛凍結，我愣在那裡，與仁波切對視，原先的滔滔不絕戛然而止。仁波切隨即微笑為我們加牛奶，彷彿沒事一樣。這聲怒吼，讓我看清自己的傲慢與我執。這是來自一位偉大上師的珍貴教誨。

與錫度仁波切告辭，我們下午飛抵揚唐仁波切的所在地。

慈愛的揚唐仁波切已經八十七歲了，他特地從菩提迦葉的法會離席回家，為我們傳法。為了傳授灌頂，仁波切每天清晨三點開始自己的修法，然後早晨九點對我們傳法；午休之後，下午繼續傳法，如此循環，需時五天。根據傳統，這個灌頂的人數有嚴格限制，一次至多僅五人。翻譯私下跟我說，仁波切曾親自著作一份大圓滿的法本，建議我向仁波切請求傳授。仁波切慨然答應。

仁波切在法本前寫了一段序文給我們夫妻倆，大意是：

「你們得到珍貴的人身，年輕且事業有成，是娛樂圈中的頂尖人物。在充滿享受且心思散亂的情況下，一般人很難對佛陀正法生起信心，更不會想修行。你倆相信佛法，並且依止上師修行，非常難得。李先生跟隨一位噶舉派的上師（羅貢桑仁波切），我想他是一位好上師，他為了弟子將來能得到佛法的真諦，而將自己的心子交給慈誠羅珠堪布指導。大乘佛法的根本是『菩提心』，你們要保持心心相續的菩提心，在上師面前聆聽教法，並將一切眾生當成父母，在定解中發願。成佛的根本，就在於利益一切眾生的菩提心。」

揚唐仁波切的叮囑就像一位慈父，在如此進階的大圓滿灌頂，點出成佛的關鍵所在——利益一切眾生的菩提心，簡單而有力。

我回想著從一九九七年接觸藏傳佛法，至今近十九年。初期零散學了七年；在遇見慈誠羅珠堪布後，要求我從頭學起，重新打根基，一晃眼也走了十二年。也是這段時間，讓我明白佛法的基礎教育有多麼難得，多麼重要。從最初到最後，利他菩提心終是貫徹一切佛法的核心。

二〇一六年十月十五日，揚唐仁波切在印度圓寂。我竟是揚唐仁波切最後一批的大圓滿灌頂弟子。思及如此的恩情，我一定要超越生死。

朝禮漢傳佛法名山

佛教自漢代由印度經陸路傳入中國之後，經過千百年的傳承與文化融合，已經是中國文化中的重要元素，漢傳佛教也在世界大放異彩，成為當今世上佛法中的三大傳承之一。

根據不同的經典思想或是修行方式，漢傳佛教衍生出許多不同的宗派，我對禪宗最感親切，這是因為當年拍電影接觸了禪宗祖庭少林寺，也是因為禪宗「明心見性」的頓悟法門非常吸引我——早年的我總急著找到修證捷徑。

漢傳佛教的特色，諸如眾所周知的素食文化，源自魏晉南北朝梁武帝向天下僧尼頒布的禁令。又如「一日不做，一日不食」，源自於唐代百丈懷海禪師的禪門規矩。漢傳佛法的智慧就這樣融入漢人社會的食衣住行，落實了人間佛教。

二〇一六年，因為姐姐的健康狀況堪憂，於是我為她發願，朝禮漢傳佛教的四大名山，同時，我也很希望能向漢傳佛法請益「直指心性」的法門。

漢傳佛教認為四大名山是四大菩薩的人間道場，歷代的朝山者不絕於途，到現在仍有「走鄉團」朝聖。一群信徒相約，用三個月左右的時間朝禮聖山，他們可能從中國東北出發，徒步走到山西的五臺山，走在路邊，睡在路邊。他們的一步一行，一禮一拜，虔誠心與毅力有著十分動人的力量。

我的第一站是浙江舟山的普陀山，此地與佛經記載大悲觀世音菩薩道場「補怛洛伽山」（Potalaka）描述相符，是海天佛國的淨土，所以自唐代以降就被視為觀世音菩薩的聖地。我上普陀山朝拜，也與當地的法師請教漢傳佛教的修持方法。

第二站前往山西忻州的五臺山，這裡又名清涼山，是大智文殊菩薩的顯聖之地，也是四大名山之首。五臺山系之中，漢傳佛教與藏傳佛教兼容並蓄。這是我第二次上五臺山，而且恰逢我的生日，非常歡喜。二〇〇三年隨上師羅貢桑仁波切來朝山時，拜見的高僧寂度老和尚已經圓寂，當年老和尚的侍者普興法師，如今已是五臺山文殊洞的方丈。五臺山的山腳有一個知名的大圓滿修行山洞，我在山洞中打坐二十分鐘後，拿著香到洞口，以香供養大圓滿歷代傳承祖師，此時的天空照下光束，非常眩目美麗，有如祖師的加持。

第三站來到安徽池州的九華山，此處被認為是大願地藏王菩薩的道場。唐代有位來自新羅國的王子金喬覺，渡海來此修行七十五載，由於他的事蹟與佛經中的地藏王菩薩相似，所以被尊為地藏王菩薩的化現。九華山上多有歷代大德圓寂之後成就的肉身菩薩，又稱全身舍利，我亦前往頂禮。

第四站朝禮四川樂山的峨嵋山，相傳古時曾有人見過大行普賢菩薩騎著六牙白象在此顯現，故而尊為普賢菩薩道場。峨嵋山頂上的金頂頗負盛名，我登頂時，原因季節氣候之故而雲霧繚繞，但很幸運地看見陽光灑落在金頂的普賢菩薩聖像上，就像是給朝聖者的鼓勵。

二〇一六的三月到七月，我朝禮漢傳佛教的四大名山，拜謁諸山法師，也進行短期閉關。

這段時間裡，我也前往廣東省韶關的「南華寺」朝禮。南華寺是中國最著名的寺院之一，這裡是禪宗的六祖惠能大師弘法的發源地，又被稱為「六祖祖庭」或「曹溪祖庭」。生在唐代的惠能大師，其法體肉身不壞，至今仍供奉在南華寺的六祖殿內。我跪在六祖的真身之前，懷想六祖縱不識字，但盡得禪宗真傳，留下了「菩提本無樹，明鏡亦非臺，本來無一物，何處惹塵埃」的千古絕唱。我虔敬地頂禮六祖惠能大師，遙呼上師相應。

漢地各省不同的修行環境與各宗派的法門，在此行有深刻的體會。朝禮四大名山的行程原無特定的順序安排，但最後組成了象徵四大菩薩的「悲智願行」德行。菩薩是梵文菩提薩埵的簡稱，意義是「覺有情」。有情是指有情愛、有情性的生命體，所以覺有情的菩薩是已經覺悟的有情，也能覺悟其他有情，並以此為己志的聖者。慈悲、智慧、發願、行動，這有情四大名山的啟示，不斷指引且照亮大乘佛弟子的自利利他之路。

蓮師聖地閉關

在慈誠羅珠堪布的指導下，二〇一六年底我已進入大圓滿修行的正行階段。堪布建議我，若有機會，應該前往蓮師的聖地閉關修行。

蓮師是蓮花生大士（Padmasambhava）的簡稱，他是公元八世紀時的印度佛法大師，後因應藏王赤松德贊（Trisong Detsen）的邀請而從印度到西藏弘揚佛法，留下了許多傳奇故事。他是藏傳佛教的開山祖師，而且是寧瑪派大圓滿傳承的主尊。其一生的足跡，遍及今日的北印度、尼泊爾、不丹、巴基斯坦與西藏等泛喜馬拉雅的山區。

藏傳佛教弟子咸信，對蓮師具有信心者，朝禮蓮師聖地並在該地修持，將可獲得殊勝的加持。歷代多位佛法大師，也都曾來到此地閉關，讓這裡的歷史傳承非常豐厚有力。為了能順利前往蓮師聖地閉關修行，我透過宗薩仁波切的親友協助安排不丹的旅程，也請求措尼仁波切協助安排尼泊爾境內的朝聖行程。

二〇一七年一月，我先到訪不丹，參訪宗薩仁波切的寺院，並在寺院中修持。隨後，我前往虎穴寺。虎穴寺是非常知名的蓮師聖地，寺院座落在懸崖峭壁上，是當今不丹境內最神聖的佛寺之一。相傳當年蓮師曾騎虎駕臨此地，以不可思議的神通降伏惡魔，並在此地修行，故而得名。承蒙僧眾的安排，我得以在此進行七天的禪修閉關。在虎穴寺裡，我就坐在丘陽創巴仁波切（Chogyam Trungpa Rinpoche）曾經坐過的地方，遙想這位一代大師，祈禱與之相應。

結束不丹的朝聖之後，我轉往尼泊爾，首先拜訪措尼仁波切。恰逢明就仁波切結束為期四年半的遊方閉關不久，有幸在此見到了久違的上師。明就仁波切從二〇一一年六月開始，放下他的寺院、僧眾，還有全球的教學弘法體系，沒有隨侍，不做任何準備，獨自出走。他這樣一位享譽國際的禪師，隻身在街肆中化緣，在山洞裡躺臥，獨自面對飢冷病苦，甚至體會瀕死經驗，進行了一千六百四十八天的內在閉關旅程。這次的會面，我看見明就仁波切的面容，雖歷風霜，但神情比昔日更加澄澈，讓我感受到深刻的禪修力量。

措尼仁波切與明就仁波切是同胞兄弟，他們來自一個偉大的禪修家族，其父為祖古烏金仁波切（Tulku Urgyen Rinpoche），其大哥為秋吉尼瑪仁波切（Chokyi Nyima Rinpoche），其二哥為慈克秋林仁波切（Tsikey Chokling

Rinpoche），大哥的孩子則是頂果欽哲法王的轉世、頂果欽哲揚希仁波切（Dilgo Khyentse Yangsi Rinpoche），他們都是資深的佛法禪修上師，也都有廣大的弘法事業。

尼泊爾境內有多處蓮師聖地，其中兩處同在帕賓（Pharping）的山區，在山頂的是阿蘇拉山洞（Asura Cave），山腳的則是楊烈雪山洞（Yanglesho Cave），這兩處都曾是蓮師閉關修行之處，也是歷來藏傳佛教弟子的聖地。阿蘇拉山洞的寺院由秋吉尼瑪仁波切管理，我請得仁波切的慈允，可以在此聖地進行七天的閉關修持。山腳下的楊烈雪山洞，同時是佛教與印度教的聖地，由印度教的寺廟管理，半天開放給印度教徒參拜，半天開放給佛教徒參拜。

我抵達楊烈雪山洞時，當地正在迎接幾位閉關六年六個月的喇嘛出關，周遭氣氛充滿了修行的喜悅！我每天早上四點起床就到山洞中禪修，直到九點山洞對外開放，我便回到寺院，晚間六點山洞停止對外開放之後，我再回到山洞禪修。

隨我一同前往的助理，在這七天專做五體投地的大禮拜，在他附近有位西方弟子也在進行同樣的修持。助理拚命地拜，沒一會就體力透支；那位西方弟子卻氣力綿長，可以一直持續——聖地就是有這樣濃烈的修持氣氛，精進努力彷彿自然而然。閉關的最後一天是蓮師吉祥日，我發願要在當日念誦一萬遍的〈蓮師七句祈請文〉。祈請文一篇共五十七個字，一日念完一萬遍是不容易的挑戰。我從清晨開始持誦，直到晚間六點半左右完成。

閉關圓滿之後，我走出關房跟助理談笑。若依傳說，在聖地的修持都乘以九百倍的話，那我當日就等於持誦了九百萬遍的〈蓮師七句祈請文〉，而助理這幾日的修持，不知是否圓滿了十萬遍的大禮拜？

正當此時，聽見寺院的管家喇嘛大喊：「快來看，天上出現了吉祥的雙彩虹！」這是多麼令人感動的鼓勵啊！

泰國學法

結束尼泊爾的蓮師聖地閉關，拜別諸位上師之後，措尼仁波切的司機送我去機場。司機提議：「您晚一天再走吧？我明天要為索甲仁波切接機呢！」

索甲仁波切！一九九七年，我尚未成為佛教徒，彼時就拜讀過他的成名大作《西藏生死書》，感受非常深刻。在母親離世時，也是因著書中的說明指引，讓我以佛法為母親送行。聽司機一說，這還真是個拜見的好機會；不過消息來得太晚，當日我未能留下。

「那麼，請代我向索甲仁波切請一顆他的念珠吧！」我拜託司機。

回家之後過兩日，司機通知我，索甲仁波切希望直接與我聯絡。

雖未曾謀面，然而索甲仁波切與我暢談如故，彼此都非常開心。仁波切盛情邀請我到法國南部的雷瑞林寺（Lerab Ling），這是他創辦的佛寺，也是歐洲最大的藏傳佛法中心。我承諾將來必定安排拜訪。

由於索甲仁波切即將前往泰國曼谷，我們欣然相約。試想，從一九九七年成為他的讀者，至今已然二十年。我們約在仁波切下榻的飯店，彷彿多年不見的好友，毫無阻礙地暢談各種話題。仁波切記得我曾輾轉向他請一顆他使用過的念珠，這次見面，仁波切很謙卑地，說他自己的修行不夠，所以送了我宗薩欽哲羅卓（Dzongsar Khyentse Chokyi Lodro）夫婦的念珠結緣！

索甲仁波切在藏傳佛教中的地位特殊，師承二十世紀初期、不分教派利美運動（Rime Movement）的大師宗薩欽哲確吉羅卓、敦珠法王、頂果欽哲法王以及紐修堪仁波切（Nyoshul Khenpo Rinpoche）等當代大師，並且在英國劍橋大學三一學院學習比較宗教，受現代學術訓練，為西方世界引進藏傳佛法。

仁波切已經七十多歲，但說起話來的赤誠之心，有如一個天真的孩子。

他呵呵笑道：「你知道嗎？上次邀請你到法國之後，我詢問了護法，他說你不會來。而這次我邀請你來泰國，也問了護法，他說你一定會來。」我還沒來得及答話，仁波切接著說：「我又問他，若你要請法，我可以傳到什麼程度？護法說：『他要什麼，你就傳什麼！』」

索甲仁波切家族歷代都是護持藏傳佛教的大功德主，有很多珍貴的法寶；例如他隨身攜帶的五股金剛杵，就是當年蓮師所用。我大膽詢問仁波切，能否將這隻杵的布包解開讓我看看？沒想到這一問，嚇到了隨侍喇嘛，仁波切卻跟我嬉鬧了起來，最後拆開杵的布包為我加持。

頭一次見到索甲仁波切，覺得他精神抖擻、談笑風生，後來才知道他罹患癌症，是來泰國治療的。在跟我見面的前兩週，仁波切進食極少、身體虛弱。隨侍喇嘛事後告訴我，當我在旁時，仁波切顯得非常開心活潑；然而當我離開後，仁波切的病容又回來了。

二〇一七年十一月，明就仁波切在泰國舉辦解脫道（Path of Liberation）的閉關，太太前往參加，我則有其他要事，忙到閉關快結束時才趕赴泰國。我先拜見明就仁波切，請教修行的事；之後則趕往索甲仁波切下榻處再次拜見。這一回，我跟索甲仁波切請求傳授〈椎擊三要〉的法門，仁波切以五天的時間為我傳法。

索甲仁波切強調傳承的重要性與加持力，他自謙資格不夠，所以在對我傳法時，不自己立說，而是仔細地播放他的上師頂果欽哲法王以及敦珠法王的珍貴錄音，然後才依據他的上師原音，逐一為我講解。索甲仁波切希望他所傳授的法，一點一滴都要來自純粹無染的祖師傳承。

某一個晚上，我與索甲仁波切聊天時，仁波切提到一位高齡逾九十歲的偉大上師——多竹千法王（Dodrupchen Rinpoche）正在曼谷，法王是大圓滿傳承最重要的上師之一。我託請索甲仁波切為我引見，索甲仁波切不甚有把握，於是我也請求了明就仁波切；經過一番祈請，終於約定次日早晨九點拜見。當時已經是深夜十一點，為了如時前往多竹千法王的所在處，必須清晨五點啟程。

多竹千法王已經多年不傳法了，每個人都建議我，面見法王只要靜靜坐著、聊聊天就好。然而當我見到法王，還是忍不住直說，我是來求「直指心性」的法。翻譯喇嘛有點為難，望著我不知該怎麼辦。我鼓勵說：「就這麼翻譯吧。」

多竹千法王老人家居然點點頭，用手輕輕地摸著花微笑。

我的心彷彿被帶回到兩千五百多年前的印度靈鷲山上，看見佛陀拈花示眾，眾皆默然，唯獨大迦葉尊者微笑。那是佛陀將不立文字的微妙法門囑咐給大迦葉尊者的剎那時空。

第四階段：二〇一八年至今

修行者的生活

二〇一八年，我進入長期閉關修持。一年之中，有近半年的時間與外界隔絕，一日修四座法，每座法維持兩個小時。

二〇一八年，也是汶川地震十週年，五月分時，我趕往成都參加紀念活動，隨後安排前往拉薩朝聖。這是我第一次進入拉薩，朝禮布達拉宮、大昭寺、小昭寺等具有歷史意義的佛寺，並為佛像塗金供養。我也參訪了哲蚌寺與甘丹寺等名聞遐邇的僧伽培育重鎮，還有當年蓮師啟建的藏地第一間佛寺桑耶寺，與阿底峽（Atisa）尊者入藏傳法的寺廟等。

承蒙寺院僧眾瞭解我的虔心、我對修行的堅持與精進，未將我當作一般遊客，准許我進入修行的殿堂，也能參拜一些未公開的地方。我有幸親見蓮師當年用過的金剛杵、耶喜措嘉（Yeshe Tsogyal）佛母的聖物盒等，祈願消除修行障礙，並使心續能快速成熟。

結束了為期一週的拉薩朝聖之旅，我趕回四川成都，那裡正舉辦一場百餘位企業家的交流，由上師慈誠羅珠堪布主持。法會之後，我與在座的法友進行談話問答，待活動落幕，我便隨堪布一起回到藏區閉關。

夏季閉關是自二〇一四年起的慣例，每年閉關都由慈誠羅珠堪布親自帶領，並考核我的修行狀況。閉關結束，堪布將會指導兩個法門，各修三個月，半年後約好在新加坡見面檢視；而本次的閉關，進到了一個新的階段，堪布僅指導一個修法，且延長修持時間至三年。

夏季閉關終了，我步出關房，一抬眼即見到了璀璨奪目的日暈；慈誠羅珠堪布從山的另一頭望向我的關房時，則看到漫天斑斕的雲彩——實在太美，以至於難以忘懷，這一天，在我的修持之路上，遂成為值得記錄的一日。

二〇一八下半年，我與太太再次赴泰國學法，參加明就仁波切的解脫道三、四的十日禁語閉關；隨後前往索甲仁波切下榻處拜見上師。索甲仁波切播放出幾位偉大法王上師的珍貴開示錄音，並依照法王的講解，逐句地為我們詳細傳授寧瑪派的法門〈椎擊三要〉，並且給予忿怒蓮師的除障灌頂。我們在索甲仁波切座前學法五天，臨別前，索甲仁波切再分別給予我與太太開示。

索甲仁波切雖在病中，但他仍盡其所能指導我的修行。這份關愛，我深深感動。

哲人其萎

佛法告訴我們，凡是超過一個元素所組合起來的人事物，必定會分離，沒有什麼是恆亙不變的。肉身衰頹是過程，是必然，也是無常的例證。

大概在二〇〇九年的時候，上師羅貢桑仁波切的健康狀況開始走下坡。仁波切告訴我們，他想離開，但是弟子們萬般不捨，包括臺灣與馬來西亞的弟子，都在仁波切座前懇求上師，繼續留駐人間，帶領大眾。當時上師已經中風，不良於行，但他仍慈悲允諾再留十年。

二〇一四年到二〇一六年間，我曾兩度到青海探視羅貢桑仁波切。第一次前往拜訪時，仁波切的健康狀態還不錯，我跟仁波切談了自己跟隨慈誠羅珠堪布學法的進度。然而，第二次前往拜訪時，仁波切已經很少開口說話了，多數時間仁波切都在禪定中。

到了二〇一八年，我有預感，應該要前去探視羅貢桑仁波切一趟。所以在與太太結束四川藏區的閉關之後，旋即轉往青海巴麥寺。

羅貢桑仁波切此時已經完全不說話了。

當我與仁波切獨處時，一如過往地跟上師談起自己的修行體悟，特別是總結這些年來，我對於「心」與「心性」，還有「放下」與「當下」的見解。

對我而言，將「心」與「心性」兩個詞彙清楚定義，是非常具有啟發性的。「心」是有二元相對概念的，也是造作的，「心」是我們去感知以及判斷這個世界的主體。而「心性」則是超越概念的，是無造作的，是不生不滅的，是亙古以來，乃至盡未來際，都不曾變動的。佛法要我們「放下」，就是要放下「心」；佛法講的「當下」，就是心的本性，沒有任何造作的概念，此即「心性」，也就是「覺知」。

說來短短的幾句話，但這是我學習佛法以來相當深的感悟。

我自二〇〇〇年廣泛地閱讀佛教書籍之後，經常被「心」、「心性」、「佛性」、「如來藏」等詞彙困擾著，分不清楚這些到底有什麼差別？我作為一個人，去感受世界的是「心」，或是「心性」？禪修時要「將心安住在當下」，這個「心」是什麼？「當下」又是什麼？

核心的概念與定義一旦不清楚，知道越多，反而可能會攪得越糊塗。當年我狼吞虎嚥吸收了很多佛法知識之後，這些糊塗帳厚得難以釐清，核心概念很難被找出來擦亮。後來雖然發現了這個問題點，但是隔著不同的語言請教上師，又容易有翻譯的誤差；千迴百轉，經過了這麼多的努力，到了現在才得以明朗。

明白了「心」與「心性」，以及體悟到「覺知」之後，修行的進境全然不同。此後不論是否在修法打坐，或是在日常生活，都可以帶入禪修，可以在時時刻刻去體驗放下「心」，並安住於「心性」。

這三天陪在羅貢桑仁波切身邊，我也告訴仁波切：「感恩您將我介紹給慈誠羅珠堪布學習佛法。轉眼十四年過去了，我很努力地修行。今年夏季閉關結束，已經進入一法修三年的階段。我們大家都很好。我太太也踏上修行之路了，請您安心走吧。」

真切地感恩上師。對我來說，這是一個平靜的告別。

在我們告辭後過了七天，二〇一八年八月十五日，上師羅貢桑仁波切圓寂。

在相對的世界中，有合就有分，就像楓葉的春綠秋黃，是自然的規律。物質終究會壞滅，連佛陀也無法保持肉體的永生，這些正示現著因緣聚散的道理。上師的圓寂，也是在向弟子宣說佛法。上師一生的付出，就是要喚醒眾生，了悟生命的實相，幫助眾生從單一、恆常的價值觀中解脫，從執著的痛苦中解脫。

祈願上師乘願再來。

重返青海巴麥寺

二〇一九年春天，小萍姐為我捎來西然朋措上師的問候。羅貢桑仁波切圓寂前，曾囑咐西然朋措上師關照我接下來的修行，於是西然朋措上師輾轉與我聯絡。我與西然朋措上師結緣於二〇〇一年，那時我初訪青海，經羅貢桑仁波切安排，請來專門指導閉關禪修者的西然朋措上師傳授我那洛六法。即便如今羅貢桑仁波切不在了，巴麥寺於我仍意義重大，我與太太決定重返青海。

十八年過去，通往巴麥寺的路程已不似以往那般崎嶇難行。如今只需搭飛機到青海西寧，待一夜；隔日再搭四十分鐘的飛機抵玉樹，接著開車兩小時，就可以到達。

西然朋措上師是終身閉關的大修行人，他只指導閉關過六年以上的喇嘛，這些喇嘛弟子們，將來都是各個寺院的閉關指導老師。雖然上師的法務繁重，但依然關心我的修行。我在巴麥寺進行七天的修持，結束之後，西然朋措上師交代給我持誦一百六十萬遍的金剛亥母咒語功課，這是那洛六法的必要修持。

離開巴麥寺，我們前往薩迦派的土登寺，兩地車程約莫六個多小時。

土登寺裡供奉一位修持噶舉派大手印成就的高僧秋英多傑（Choying Dorje）的全身舍利。相傳這位高僧在幼年時，因為文革而無法住在寺院裡，而後在因緣際會下，得到噶舉派的大手印傳承典籍，精進閱讀修持，終得成就。秋英多傑大師不僅是因為圓寂之後，留下了全身舍利而聞名；更因為在大師的法體周遭，會自然生成許多大小顏色各異的舍利子——這是佛教中稀有難得的修行成就象徵。

此次青海行，我們也拜訪了當年壹基金在玉樹地震時，委請協助分發物資的薩迦派塞班活佛，並參訪該寺的博物館，回到玉樹時已是夜晚。隔日早晨，我的一位非佛教徒助理告訴我，他拿到的秋英多傑舍利，竟生出了小舍利子！我們都感到非常驚訝。

我們回抵新加坡不久，便接獲索甲仁波切的來電，仁波切詢問我們今年何時去泰國相會？我想著現在是初夏，才剛結束青海之行，加上年底明就仁波切將在韓國首爾舉行解脫道五閉關與白度母灌頂，於是預計完成首爾的閉關之後，再去泰國拜見索甲仁波切。

八月二十七日，索甲仁波切的翻譯來電，告知索甲仁波切身體不舒服，在曼谷住院。隔日，與翻譯再通消息，卻得知仁波切已然圓寂。

我與索甲仁波切連續兩年的泰國求法之約，竟無法延續至第三年，緣盡於此；我成為仁波切最後傳授大圓滿法門的關門弟子。還記得二〇一七年初，首次與仁波切通話，彼此雖尚未謀面，就已經覺得非常熟悉；當年仁波切邀請我到南法的雷瑞林寺之約，終難在仁波切有生之年達成了。

道在紅塵中

二〇二〇年起，新冠肺炎病毒在全球肆虐，各國交通紛紛阻斷，公共場所勒令關閉；在疫情最嚴重時，個人也被限制出門，全世界彷彿被迫進行一場大型閉關。

同這個時期，我也進入長時間的閉關，從二〇二〇年三月，直到二〇二二年五月。在這一段與世隔絕的修行時光裡，明就仁波切、措尼仁波切，以及宗薩仁波切等上師都曾來探視，並指導我的閉關修持。

自從有了一九九七年那番對世事的體悟之後，我開始接觸佛教，企圖超越生死，其實在當年我就想息影退休了。

我從八歲開始練武，每天練八小時，持續了十年，然後開始拍電影，成就名利的同時，也換來嚴重的身體傷害。時光流逝，我確信擁有更多的名利權情無法超越生死，所以我在當年就問了上師羅貢桑仁波切，可否退休專心學佛，過上修行人的生活？上師阻止我：「你仍有使命與責任。」我問上師那會是什麼？上師說：「你會從經驗中知道。」或許，我可以別於傳統弘揚佛法的途徑，而用世俗的身分推廣佛法吧？這是我當時的想法。

二十三年後的此時，在防疫隔離的客觀狀況中，似乎實現了以往我要過閉關生活的心願。但是，當宗薩仁波切來探視我時，卻要我停止閉關，走出門去，仁波切說我應該結合生活與修行。

長年以來，我的工作必須面對公眾與人群，有時候真的過於疲累，常常想著快點停止。我反觀內心的習氣與執著有多麼強大，雖然每天都將「發起利益一切眾生的菩提心」掛在嘴邊，但又該如何應用在生活點滴呢？

我從二十多年前不知道怎麼打坐、坐十分鐘就腰痠背痛，經過長時間的努力，如今已習慣了閉關修法的生活。宗薩仁波切在此時推了我一把，要我把所學，真正地應用於生活。

幾年前曾向泰錫度仁波切請教，我是否可以做個「全職的修行人」？仁波切回覆我：「當然不行。」我很意外，難道仁波切不鼓勵弟子專心修行嗎？

「你是電影英雄、功夫皇帝，有好的事業與家庭，是推動公益事業的成功人士。在世俗的方方面面，你看起來都是圓滿的，很多人以你為目標，希望達到你這樣的成就。」

「你能修行佛法當然可貴，但是，如果你過起全職修行人的生活了，那將會讓這些人的典範破滅，甚或指責：『是佛教毀了李連杰的成功！』若是如此，非但無益，你還可能傷害了佛教。」

漢傳佛教有這樣一句發人深省的偈語：「道人若要尋歸路，但向塵中了自心。」或許也正是上師們給我的啟示吧。

再出發：父女的旅程

我原先設想，二〇二〇年三月開始的閉關，要閉足三年三個月，不過，在二〇二二年四月時，在美國讀大學的小女兒給了我一通關鍵的電話，讓我決定提早結束這一次的關期。

小女兒早在七歲時就有憂鬱症的徵兆，直到十二歲都有很強烈的自殺傾向，但是她只能獨自哭泣，也不知如何訴說她的痛苦。後來靠著醫生及藥物的幫助，她才漸漸走出自殺的陰霾，但她還是很不快樂。近六年來，她仍飽受憂鬱與焦慮症所苦。她的世界像是裝了一道又一道的門，重門深鎖，我走不進去，也無從叩問，只能在門外焦急。

她曾經失落地跟我說：「我的人生都是你們安排的，那我是誰？我不會說這是你們的錯，但是我為何要活著呢？」身為父母，聽到這種話，我們真的是隨時吊著一顆心，覺得很無助，也不知如何是好，生怕哪一天會有意外發生。

幾年下來，小女兒幾乎沒有跟我互動，如今忽然主動聯絡，而且是向我表明想要學習藏傳佛法，我當然願意放下一切來協助她！

小女兒在美國求學，與此同時，也是漫長的求醫過程。她曾在五種不同的西藥處方中來回調整，以及接受像是催眠療法的心理治療，思及西醫治療的侷限，她仍然覺得十分沮喪，因為這所有的處方，於她而言，看起來都是治標不治本。

當她進行一些心理治療時，這些過程，讓她憶起小時候曾接受過明就仁波切的禪修指導，兩者似乎有些類似。在她十六歲時，她開始在網路上搜尋時興的正念冥想，配合軟體進行簡單的禪修，這對她有些幫助；不過，她還是覺得不夠明確，她渴望真正的快樂。抱持最後一絲希望，她決定尋求我的協助，找到佛法的導師。

恰好明就仁波切此時正在美國傳法，於是我與仁波切相約，帶著小女兒前往明尼蘇達州參加開心禪的課程。

小女兒見到明就仁波切，剛聊了兩句，就開始掉眼淚，我不知道當下該怎麼辦。

小女兒向仁波切傾訴，她從小患有憂鬱症，一路走來的辛苦不為人知。仁波切也對小女兒分享，他在閉關修行時，也有與她類似的憂鬱和焦慮狀況，獨自在山洞中生活；仁波切非常有智慧，一步一步地引導小女兒，讓她知道，她不孤獨，而且她所面對的困難，有人能夠瞭解，也有方法可以解脫。明就仁波切很慈悲，除了公開課程之外，每天另外給予小女兒一小時的指導。小女兒的學佛之旅於焉展開。

而後，我們隨著仁波切的弘法行程，繼續前往威斯康辛大學（University of Wisconsin）。這裡的參與學生比明尼蘇達州更多，許多人是跟著仁波切學法二十餘年的老弟子了，其中不乏各領域的專家與大學教授。除了每日的課程之外，我們也跟這些學員聚會，討論佛法修行。

小女兒覺得這一切很親切，也認知到自己在這條路上並不孤獨，她與其他學員有許多共同話題可以探討，縱然她僅有十九歲、年紀最小。

這一次與小女兒在一起的求法旅程很幸運，可以再次聽到明就仁波切親自講授開心禪。縱然這個課程我在線上以及實際的課堂上聽了不下十次，但這一次是近距離地與上師生活在一起；不論是搭車或吃飯，時時刻刻都可以學習佛法。

仁波切很有耐心地教導小女兒，討論佛法的緣起性空、佛陀的故事、三轉法輪、南傳佛教、漢傳佛教、藏傳佛教等，也講述了密乘的緣起、中陰的教法，還有佛法的修行次第。看著仁波切面對新學員，不厭其煩地從基礎講起，一次又一次，數十年如一日，我真的由衷佩服與感動。

到了暑假期間，小女兒安排打工，我便與她租了一間公寓同住。她雖忙於工作，但也陸續完成了開心禪的五十個小時禪修課程。女兒是佛法的新生，我則是生活上的新生；我住在小公寓裡，學習自理一切生活起居，包括最基本的洗衣服與煮飯，都是從頭學起。

當女兒的暑期工作結束，我們啟程前往歐陸的捷克，參加明就仁波切的開心禪二課程。在歐洲的課堂上，有更多來自不同國家的學員，而且年齡層更低。這個階段的課程，主要談「發心」，也談關於「愛」。從愛自己開始，擴展愛的同心圓，最後愛一切眾生。結束這七天的課程，學員們的言行舉止很明顯地受到感染，大家都在練習將善的知識化為行動與體驗。

曾經我與已經圓寂的上師索甲仁波切相約，要拜訪他在南法蒙波里耶（Montpellier）山區建立的雷瑞林寺。現在我既已來到歐陸，便與女兒商量，希望能一起拜訪，圓滿當年與上師的約定。

雷瑞林寺是歐洲最大的藏傳佛教寺院，由於索甲仁波切推崇不分教派的利美運動精神，廣邀當代各教派的大師前來教學，使雷瑞林寺成為歐洲最重要的佛法中心之一。

在這裡的西方弟子們，多已學習藏傳佛法超過三十年。我自認學習佛法逾二十五年，偶爾還自滿於這樣的資歷，但在這裡，我僅是後生晚輩。有好些人是從小就開始修行，甚至參與了二〇〇六年到二〇〇九年的大圓滿三年集體閉關，精熟所有的藏文讀誦、法器演奏、壇城儀軌，他們除了沒有出家喇嘛的裝束，其實與喇嘛別無二致。我不禁揣想，索甲仁波切是擁有怎麼樣的智慧與慈悲心，可以感召這些西方弟子踏上修行的路。

小女兒在這裡，有一群年齡相仿的同儕一起學習。她的團體裡有五十個孩子，來自西方各國，他們的價值觀不似西方主流，也不追求主流的認同。他們可以一起討論「無常」，各自分享對於生命價值的觀察。他們會去體認我是誰、想追尋什麼、如何完成心中的願望。在這個同儕環境裡，小女兒感到非常開心。

我因為小女兒的因緣，終止了長期閉關，走出關房，走入人群。我與小女兒成為同學，一起生活，一起學習，一起討論。我們也一起在明就仁波切的座下皈依，一起得到白度母的灌頂，一起拜訪圓寂恩師索甲仁波切的寺院。

回顧今年春天，當小女兒跟我說想要學佛時，我以為自己可以給她一些指導與協助，但走過這段旅程，她更像是一位幫助我的老師。在旅程的最後，小女兒對我說：「學佛使我感覺回到家了，我知道如何找到快樂，也找到失去很久的滿足的方法，人生又重新有了希望。」看著她開朗的笑容，這對我來說，是最安慰的鼓勵；這三個月的旅程，是極其珍貴的佛法修持。

我想起了索甲仁波切的經常說的：「沒有禪修的禪修，就是最好的禪修。」

第二輯

修行筆記

Beyond Life And Death

Jet Li looking for Jet Li

追求快樂

回想我歷來的嚮往

學佛二十五年後，回頭看看我早年的嚮往。

父親在我兩歲時因公逝世，當時政府補助我們家每個孩子一個月十元，五個孩子有五十元，加上媽媽的月薪四十元，一共九十元，要養活爺爺奶奶與我們一幫孩子，家境可說是非常貧困。

我五歲那一年的過年前，媽媽忙著採辦年貨，錢包卻不慎被偷，損失了三十元。沒有這三十元，我們家承擔不起這個月的生活費，媽媽知道後崩潰痛哭，直至暈倒。五歲的我嚇壞了！我從沒見過媽媽哭成這樣！這在我兒時記憶中刻劃了很深的印象，我真實地體會到錢對我們家有多麼重要，「我一定要賺錢，養活媽媽與兄弟姐妹」成了最初的希望。

大概九歲時，我已經住在武術學校裡受訓，當時的領隊對著大家喊話：「你們每個人都要努力成長，做出貢獻！」領隊接著要每個人說出自己的志向，從年紀最大的學員開始，學員們逐一回答，有要當軍人的，也有要當消防員的，也有想當醫生的，大家的志向都很明確且遠大。我當時在校是年紀第二小的孩子，幾乎到最後才被點名。

「李連杰，你的志向是什麼？」

「澆花。」

「你說什麼？」領隊不可置信地再問了一次。

「我想到公園裡澆花。」

「你在胡說八道些什麼！這麼沒志氣！」

我記得領隊好生氣，臉都脹紅了。大概因為我年紀小，武術表現很好，他對我有很多期望吧？但沒承想我居然說出了「去公園澆花」這個平庸至極的志願。

我當時是真想要去公園裡澆花的。學校對面是北海公園，當年不對外開放，我們這些武術學校的孩子獲准在清晨與黃昏進去跑步。北海公園裡的晨光非常美，夕照也很動人，每日傍晚我都見到有一兩名園丁在澆花，斜陽映照，畫面寧靜自在，沒有任何紛擾，那就是我想要的。

到了十六歲左右，有電影劇組來學校挑人拍戲，縱然當時我已經是全國的武術冠軍，但卻沒有入選，因為電影公司挑選的標準是身高必須超過一米七。

「身高一米七以上才能拍電影，不到一米七做不了演員！」

「你就別想著拍電影啦！」領隊這麼對我說。

對此，我有點失望，因為身高是我無法改變的條件。這個打擊之後，我開始往校外拜師學武，往返的路途中，時常經過圓明園。

當時的圓明園還沒修復，近乎廢墟。我走進去，經常一坐就是幾個小時。我思來想去琢磨著，自己的內心究竟渴望什麼？腦中浮現了無拘無束行走天涯的模樣，那光景實在很美。學長問我是不是想當俠客？提著寶劍行俠仗義？我說不是。我渴望的是自由，內心真正的自由。

而「自由」在我成名之後，益發不可得了。

我向來對於成名並不主動，小時候拿武術冠軍，到底是按照大人對我的要求去達成的。所拍攝的電影成功之後，越來越多人認得我，遇上我就想聊天，就連在路邊吃頓安靜的飯都很不容易，這對我來說是莫大困擾。成名之後亦帶來了金錢利益，縱然我喜歡這個效益，但是我終究無法做我自己。

我對電影工作有熱情，我喜歡作品被認可，但我很不喜歡宣傳，所有的宣傳活動，我能逃就逃，所有的社交與聚會，能免則免。一九九〇年代在香港拍電影，硬是被拉著去了卡拉ＯＫ，人家唱歌我不會；被帶去舞廳，人家跳舞我也不會；去到夜總會，所有小姐圍著我問問題，彷彿又是一場記者訪談。後來往美國好萊塢發展，看到一些美國很有成就的老明星在回憶錄中說，他們一生只拍電影，不宣傳，我真是羡慕死了。

幼時的經驗讓我一生都執著在賺錢，學佛日久，讓我越來越認識這份執著，也不斷提醒自己，賺錢必須以不傷害其他人為前提；回頭看待年少時對內心平靜與自由的渴望，其實和修行人非常相似，加之以我對智慧的嚮往，才會在進入佛法之後，越走越深越明白，這是我要用一生去追求的路。

我的執著所帶來的傷害

我從一九七五年起，接連拿下五屆全中國武術比賽冠軍，心裡覺得無須再以參賽來證明自己。一九八〇年，我受邀擔綱電影《少林寺》的主角，拍完之後，電影公司已料想會很成功，他們跟我說：「你以後拍電影就行啦！不用回去當運動員了。」未料，在電影上映之前，一九八一年時，忽然接獲原單位徵召，必須回去參加武術比賽，很是錯愕。

兩年沒有進行武術比賽的練習，要如何上場？我百般不願意。但是領隊說：「輸了也沒關係，你有基礎，積分一定高，你幫團體拿分數就好。」

年輕時的我非常好強，也很執著——比賽這事兒，或者我不參加，若是我參加，就要拿冠軍！怎麼能拿積分就好？無奈彼時，我屬於國家，沒有說不的權利；電影公司也毫無表示，擺明了不想管。我有一種被出賣的感覺，只能硬著頭皮回去準備比賽。

距離比賽只剩一個月，眼看已經迫在眉睫，我日以繼夜拚命練習，兩週下來，我知道自己體力透支，不堪負荷。有什麼辦法可以擺脫這個困境、不參加比賽呢？我暗暗想了一輪，任何外力都沒有用，唯有我斷腿、受了傷，就沒有人能強迫我出賽了，這樣也不用一定要拿冠軍。

這個念頭成為我心裡的一道檻，我極端地執著，希望可以因傷退賽。經過前一日的思量，第二天我仍這麼琢磨，這個念想還益發強烈，連我受傷要去哪一間醫院？林林總總都想齊了。

第三天，我依舊前往訓練，直到上午十一點四十五分，練習告一段落準備離開，有位教練走進來，用著挖苦的語氣說：「還有十五分鐘吶，你不練啦？這樣還想拿冠軍啊？」於是我賭氣走回場上。

我縱身一躍，在空中旋轉，一如既往，但在落地剎那，角度失準，又用力過猛，我聽見清脆的「啪啪」聲響，整個人隨即癱倒在地上。

「我的腿肯定斷了！」身體多痛我絲毫不在乎，腦中浮現的想法是：「解脫了！不用比賽了！」我如釋重負，甚至有點開心。

教練繼續在旁邊冷言冷語：「該下課就下課呀，別裝了！」另一位教練看著情況不對，趕緊上前，發現我動彈不得，將我送去醫院。醫院為我拍攝X光片，判定沒事；回來之後教練繼續揶揄嘲諷。我請他們送我去另一家醫院，我預先想好的那一家——醫生一看，宣布要緊急動手術。

經過七個小時的手術，我才知道我的右腿斷了兩條筋，骨頭也碎了。我沒有緊張掙扎，這就是我要的結果。

手術隔日，我問起治療進度，醫生說明：「石膏固定八週，拆掉石膏後還需四週。」我確認道：「這樣肯定不用比賽了吧？」醫生不可置信地反問：「你還想比賽？你連運動員都做不成了。」不用當運動員也好，就能專心拍電影。

我是這麼回答的。

「拍電影？不行吧？你現在是三級殘廢，可以拿政府的終身補貼了。」

聽到不行拍電影，我才開始緊張！難道一輩子就此廢了？我陷入無盡的焦慮之中。後來忍不住再次詢問醫生：「您先前說『不行』是什麼意思？」醫生解釋：「因為你很容易再度受傷。目前筋是接回去了，但是可能再斷，斷了就要再接；接到不能接為止，就得坐輪椅了。」

這個強烈執著所造成的傷害，讓我往後拍攝電影時，都必須綁繃帶上場。每一部電影，都是用意志力克服腿痛去完成。

現在回頭看，都想著當年何必為難自己？我不過就是在一個名為「李連杰」的人生電影中，又何必這麼認真呢？被強召回去比賽，要輸就讓它輸，往後繼續拍電影，沒有人會記得那一次的賽事結果，我也可以保有健康的身體，不是嗎？

外在的平衡

人類生而追求健康快樂，這有賴於個人外在與內在的平衡；身體可以被鍛鍊，心也可以被鍛鍊，利用適合自己的鍛鍊方式，找到最佳平衡，進而達到身心的快樂。

一九八〇年代，我在美國，導演要求我必須看起來全身是肌肉，特別找專家來培訓六週。這段時間裡，每天早上我只能吃無調味的麥片，中午吃六盎司的無調味水煮雞胸肉，晚上吃四盎司的無調味蔥蒸魚。每天跑步五公里，外加四個小時的重量訓練，並且學習呼吸法輔助搭配。四週之後，我的皮下脂肪消耗光了，肌肉線條明顯；六週之後，導演對於成果很滿意。

我看起來渾身肌肉，但事實上體能已經非常虛弱。

向中醫求診，醫師疑問道：「你的元氣大傷，究竟做了什麼？」他知情以後告訴我，東西方的飲食自古就有很大的差異，漢人世世代代都是以米飯麵食為主，如今我忽然改為西方的大量肉食，身體不適合，外表雖然健美，但是內耗嚴重。我自覺這是一次失敗的健身經驗，因為有違身心健康的本意與目的。

如今健美的資訊多到目不暇給，以及普遍崇尚健美的價值觀，究竟是健身還是傷身？這樣做快樂嗎？還是為了得到旁人的讚美？倘若運動健身能使你發自內心感到快樂，那便有正面意義；倘若只是渴望他人對於白身的讚美，一旦沒有了掌聲，豈不失落難過？

身體可以經由訓練而健美，心也可以透過訓練而快樂——心的改變正彰顯著價值觀與認知的改變，這是影響苦樂感受判斷的根本所在。

在宗薩仁波切執導的電影《旅行者與魔術師》中，有一段劇情引用了西藏的佛法寓言：一個弟子因為赤腳走路不斷受傷，所以希望去鋪平世界，但師父叫他穿雙鞋子就可以解決問題。訓練心就像是為自己的心穿上鞋子，踩在地上，就無須為滿地尖銳的礪石而苦惱了。

談到外在的平衡，除了個人的身體健康之外，也關乎自身與所處環境的資源運用方式。正因為生命充滿了不安全感，而名利權情似乎可以填補它，於是人們奮力地追求；但是當追求到達某個程度，會益發感受到，你所擁有的一切物質財富，除了生活需要，其餘只是代為保管，直到死亡那一天。不管你願意與否，財產最終會被親人瓜分、捐贈或納稅，窮盡一生的累積，也就這個去向。

佛法告訴我們，物質與財富本身沒有問題，人們的執念才是問題，錯把安全感的手段當成目的才是問題。如果屏除了貪念與執著，那麼擁有財富這件事其實相當中性。

某次佛陀在講經，來了一位頭戴寶冠、身著綾羅綢緞、珠光寶氣之人。在場的弟子紛紛不以為然，他們覺得，這裡是何其高貴的場合，怎麼會有這樣的暴發戶出現？更詫異的是，導師佛陀竟然向這位富人作禮！

佛陀為弟子介紹，這位是七佛之師，智慧第一的文殊師利菩薩。文殊菩薩全身穿戴世間罕見的珍寶，但是他的心不執著，所以華貴的衣飾僅是衣飾，菩薩不為此感到困擾。

佛法要人放下。有人會說：「李連杰有名有利，當然可以喊著要放下。我連生活所需都不夠，從來沒擁有過，要放下什麼？」

這裡所指的「放下」，是放下心中的執著，放下過度的欲望。這是一種價值觀與態度的選擇，而非計較物質本身的質與量。當人們放下物欲的執著，才能真正從身心疲勞中解脫，讓自己重新掌握平衡的快樂。

內在的平衡

有一位我很欣賞的朋友，他的能力非常好。二十多年前，我剛開始學佛的時候，他好奇問我：「你是受了什麼挫折才去信佛？」

我跟他說了我對於人生無常的體會，像是一九九七年金融危機。沒想到，他竟然說：「我喜歡無常，就像打麻將有輸贏才好玩，平安順遂的人生多沒意思！」

我們雖然無法說服對方，但依然尊重彼此。我們很常聊天，他說，雖然他不相信佛法，但是他相信必須當一個好人，不做虧心事，問心無愧就可以活得很好。

十五年過去了，某日我要到青海探望上師，他表示也想一起。我詫異地問道：「你不是無神論者嗎？怎地現在有這個想法？」他直說要跟我一起追隨上師學佛。

在前往青海的路上，他才娓娓道來。他說，自己一向正面積極，以他的教育程度以及所掌握到的知識方法，足以解決生活中與工作上的所遇困境；但是近來碰上了一個很大的負面狀況，實在痛苦。我反問：「你不是喜歡無常嗎？」他歎道：「但是這次解決不了。」

原來，他一人將獨子拉拔長大，如今兒子交了女朋友，心力全都在她身上，對女友言聽計從，甚至不惜為此跟家裡斷絕往來。他說，他對兒子付出畢生的愛，但因為兒子的女友，不過半年，他在兒子面前已完全無足輕重，他難以接受。

我這位朋友擁有鋼鐵般的意志與能力，叱吒業界，從不示弱，如今卻顯得無比憔悴。我能理解他的苦楚，我說。以往我們能解決的問題，興許都是業力還不夠大，如今業浪滔天，總有挺不住的時候。

看著他的經歷，引發我的深思。人生總有起伏，凡事都有好壞——世事的真相就是無常，我們越是瞭解，就越能減輕煩惱痛苦的感受。

有個佛教故事是這麼說的：某人聽到敲門聲，開門迎來一位容貌姣好的女子，他驚訝地問：「你找誰啊？」美女答：「找你啊，我是來實現你一切願望的。」緊接著，另一位長相醜陋的女子上門，他又問：「你找誰啊？」醜女答：「找你啊，我是來摧毀你一切願望的。」那人見狀，只想讓美女進門，趕走醜女。醜女堅持不走，她說：「美女是我姐姐，我們從來不分開，要嘛就得讓我們倆一起進去！」

財富、福氣、長壽、興旺大家都在追逐，貧窮、晦氣、短命、衰敗大家都想迴避，無奈人間勢必好壞參半；倘若無法接受無常，心就難以平靜安穩。

禪修的好處之一，就是讓我們的身心平衡。我想起二〇〇三年末的紐約象岡十日禪，最後一天解除禁語，有一場分組討論，禪眾可以彼此分享這十天的禪修體驗。我特別對西方弟子來禪修的動機感興趣，於是問道：「禪修能帶給你們什麼利益呢？」

一位藝術家說，因為忙碌的生活讓他的心思紛亂、靈感枯竭，甚至搞不清楚哪一個念頭是自己要尋找的。在他學習禪修之後，練習靜心與專注當下，在那一刻，心中會有閃亮的靈光。

一位醫師說，他有十年的禪修經驗，每當禪修時，可以讓高速運轉的腦袋慢慢平靜下來；他計算過，他個人從運作到沉靜，平均需要四十五分鐘。醫師引述其他人所做的研究，多數人從忙碌的狀態轉為全然沉澱，大約需要三天的時間，也就是約莫七十二小時。

我們都有過放鬆抒壓的經驗，也體會過心智清明的舒坦，平衡自心，帶來更多的坦然與自在，這是值得追求的內在快樂。在此以我個人的經驗與故事分享，縱然不一定適合所有人，但也希望在平衡的課題上聊備一格，作為參考。

學佛是迷信嗎？

有朋友看我對佛法如此虔誠，不免好奇我是否落入了迷信？

在我幼時的生長環境，的確普遍覺得「宗教就是迷信」，那是大時代的氛圍。不過，因為我從小就喜歡思考，習慣將事情看得透徹，所以對於「迷信」這件事，我是深思熟慮過的。

根據統計，世界上的人口，有明確宗教信仰者超過六成，這些人口裡面，包括了社會上各種層面的人，有頂尖的知識分子，如科學家、文學家；又或者像是公眾人物，如名人或政要；若說宗教等於迷信，那麼這超過六成的世界人口都是迷信嗎？

再者，沒有信仰的人，諸如無神論者，也許講求科學實證或眼見為憑，要是執著在此，是不是也落入「迷信科學」的極端呢？科學是絕對的真理嗎？從近百年的科學發展史來看，目前的科學未必是最終的結論，很可能只是尚未被推翻的學說而已。

當有人指認一群人迷信的時候，我首先想知道，指認者到底知不知道這群人在做什麼？他們信仰什麼價值？

有時候我被記者問及類似的問題，我會回答：「如果你不瞭解就說人家是迷信，這也是迷信，是對另一種價值的迷信。」

在本書第一輯〈一九九七的轉折〉內容中，曾提及我在一九九七年經濟暴跌之後的思考。當時剛接觸佛法的我，看到身邊朋友對金錢損失的焦慮，又想到佛陀貴為王子，理應毫無世俗名利的擔憂，但仍為了解脫生老病死的痛苦而前往修行。我便想：「如果佛法對於解脫人生的苦真的有效，應該值得嘗試看看！」佛陀好好的王子不當，苦心孤詣地創立佛教，又能圖什麼好處呢？他原本就是人生勝利組，擁有世間的一切，若說他要以迷信騙人，又要騙誰呢？

我是從這些理路去看，去思考，才投身佛法修持之路。

有人說我瘋了，不好好拍電影賺錢，卻投入佛法的修持；我總是聽聽笑笑，因為每個人的目標與價值觀不同。

「物質價值觀」與「佛法價值觀」乍看是兩條很不一樣的路，前者藉由「聚斂」獲得成就感，後者則是「付出」。我們都應該思考自己對價值觀的選擇，並且評估自己需要花多少力氣、多少時間，走到那個給我們絕對安全感的地方。

人們長久以來沉浸在物質世界，太習慣用物質的角度去衡量一切；當我們遇到佛法價值觀，一套迥然不同的思維，光是站在外部看，當然會覺得充滿了迷信——因為不瞭解——也像是置身一場夢，要在夢中指認出這僅是夢，何其困難。

要從物質價值觀走到佛法價值觀，這樣的認知轉變是艱難的，如果他還願意實踐佛法指明的修道之路，一步一步地往解脫的目標前進，我對此由衷敬佩。

對症下藥

學佛像是爬一座大山

學佛的進程就像攀爬一座大山。大山底層的人最多，目標是「求佛」，也就是為了世間的安穩利樂而學佛，諸如祈求身體健康、家宅平安、事業順利、姻緣美滿等，帶著這些世俗的願望而親近佛教，求佛保佑滿願。

中層的人不再著重求佛，轉而進入佛法文字的理解，認同佛法的理論，著重心靈的平和，喜愛在佛法的領域中呼朋引伴；他們同時能夠理解佛法義理，也能從事具體的善行。現在有很多佛教團體正是如此，提供許多弟子參與的管道。

頂層的人最少，他們專注在求解脫輪迴、證悟佛果，並為此目標精進不懈。這群人可以完全放下世俗的功名利祿，只為了實踐修行而努力，不攻山頂絕不罷休。

以究竟的離苦得樂而言，頂層的人自然是最穩健的，但是中層的人很可能會因為同儕環境太舒適，而模糊了皈依學法的焦點；沉浸在彼此認同的環境，分享相同的生活理念，逐漸忘了這個舒適圈仍在輪迴裡，逐漸忘了佛法要給我們的是「出離輪迴」的救贖。

有一則比喻，說皈依佛法就像為了脫離輪迴病苦而求醫問診。佛陀能夠判斷眾生的病苦，也懂得用藥治療，所以被稱為「大醫王」，佛陀是醫師，他所宣說的法是藥，而上師善知識就是助理醫師與護理師。我們皈依三寶之後，以佛為導師，以法而修，以僧伽為我們的友伴，就像是求診之後，謹遵醫囑，接受治療，直至病苦療癒。

以佛法為藥方，對治我們的無明痛苦。這麼多修行方法，這麼多藥方，我們該如何選擇？

某次我在一座深山中的佛寺進行三日閉關，圓滿之後禮謝法師，有些該寺的弟子看見我，覺得好奇，於是邀請我一起打坐。那炷香坐了四十分鐘，結束之後有個小型討論。

一位法友問我：「李先生，您學了這麼多年怎麼還是用錯的方法呢？」

我不太明白他說的是什麼，於是請他指教。

「您打坐的時候睜著眼睛，豈不胡思亂想？打坐要閉眼啊！您怎麼犯這個錯？」

我笑著回答：「您看佛像是睜著眼呢？還是閉著眼？」

「佛法實修有許多不同傳承，每一種指導都很有價值，我認為沒有對錯的分別。如果你接受的指導需閉眼，而您也習慣，那就閉著吧。」

另一位法友接著提問：「李先生，每一部佛經的最後總是述說這一部佛經多麼殊勝，功德多麼大，您覺得哪一部經最好呢？」

我看了看法師，他沒有出聲，於是我接著回答。

「請教您一個問題，」

「當您走進一間藥房，裡頭都是世界名藥，您認為哪一種藥最好呢？」

法友答：「那得看說明，或問藥師啊。」

「是啊。通常藥師會問您是什麼病需要什麼藥，對吧？」

「回到您本來的問題，其實佛陀沒有騙我們，每一部佛典都是最殊勝的，只要因緣契合，對您來說就是最好的。」

不只是找到適合的治療方法很重要，遵照醫生囑咐，維持穩定治療也很重要。假如病患今天看這個醫生、吃這種藥，明天又換那個醫生、吃另種藥，很難想像這樣的治療會奏效吧？修學佛法的路上，需要有合格的上師指導，這點非常重要，這就像是所有的醫療行為都需要有醫師診斷才能執行，如果沒有醫師的協助，自己誤將治腳氣的藥拿來治心臟病，能不出狀況嗎？

我認為學佛也像這樣，找到了適合自己的修行方式，就要按照上師善知識的指導走下去，才能看見效果。這點道理跟練武術也很相似，兵器有十八種，拳法有幾百種，兩者相乘之後千變萬化，如果每一種兵器都要練，每一種拳法都要學，到頭來什麼也學不會。與其練一堆不精通，不如練一種到極致，這其中的選擇，端看你的目標是什麼。

我皈依學佛的終極目標是超越生死，這條道路會從「相對」的修行，走向「究竟」的修行，就像蜿蜒而上的山徑。佛陀與歷來的祖師大德已經揭示了明確的道路，從皈依開始，陸續有從廣而專的修行方法，一步一步，帶領弟子拾級而上。

戒律與挑戰

當我們真正相信一位導師是為我們好的時候，就會遵守他說的話。佛陀在世時，弟子有對象可以請教規範，佛陀圓寂之後，便要「以戒為師」；這也是佛陀本人親自跟阿難尊者說的指示。

皈依三寶、成為佛弟子之後，為了能使自己免於世俗逸樂對身心的危害，也能夠在佛法修持上更上層樓，許多在家居士會選擇持守「居士五戒」。這五戒是：戒殺生、戒竊盜、戒邪淫、戒妄語、戒飲酒。

持守這五戒，對我而言並不困難。例如戒殺生，在現代生活中，我們很難有機會真正屠宰動物，最可能犯戒的情況，多半會在用餐時，有動物因為我們點餐而被宰殺烹調成菜餚。然而我從小幾乎是吃半素長大，這個習慣維持至今，這是源自我母親的孝心。

大概在我母親七歲的時候，她的媽媽在肚子上生了一個膿瘡，而且越長越大，不知如何是好。我的母親便跑到寺廟，希望可以向法師請示一些幫助媽媽的方法。

「師父，我媽媽生了大膿瘡，病得痛苦，我能怎麼辦呢？」

「發願吃齋會有幫助，但是你年紀還太小，怕是做不到。」

「這樣吧，或許你從今天開始不吃四條腿的動物，這樣也能減少殺業。」

此後，我母親開始按照那位師父的建議飲食，不吃四條腿的動物，諸如牛羊豬等都不吃，家裡也常備素菜。我吃慣家裡的素菜，後來到了武術學校，被校方逼著吃肉，一吃我就吐。直到現在，我的飲食還是幼時的習慣，雖然不是全素，基本上都是清淡的蔬食。

持守其他的居士五戒，對我而言也不困難，有些戒律甚至就是世俗的法律禁忌，像是竊盜，這是怎麼樣也不會犯的。又如戒酒，我是喝酒就會相當不舒服的體質，猶記十二歲那年，武術比賽拿下全國冠軍，教練在慶功宴上給了一瓶紅酒，我一口氣喝光，沒料五分鐘後醉倒，隔天醒來宿醉得痛苦，所以我自此不喝酒。至於妄語，最忌諱挑撥僧團與毀謗上師，這是我絕對不做的事。

關於戒律中的戒淫，在狂妄的青春期自然會有衝動，但當時過的都是集體生活，在家裡與哥哥媽媽睡一張床；在學校住宿舍，當年沒有許可證也不能住旅館，去哪裡都有人看著；成名之後更是如此，私生活一一攤在陽光下。婚後我將錢都交給太太，越軌的代價是一無所有，當然也不敢輕舉妄動。

人家都說結婚戒指是婚姻的信物，戴在手上是一種宣示，也是一種規範。對我來說，佛珠就有這樣的功能。剛開始學佛時，我就喜歡佩戴佛珠，常常三五條戴在身上，這其中多是上師給予的加持之物，何其珍貴。我跟朋友開玩笑：

「萬一衝動想幹壞事的時候，還得把佛珠一條一條從身上取下來，豈不麻煩——這不就是上師的提醒嗎？光是這樣看、這樣想，這壞事自然也就幹不成了！比戒指還有效呢。」

持戒與學佛一體兩面，是必須持之以恆的一條路，戒律不僅是保護自己，同時也是避免傷害他人——戒殺生避免眾生面臨死亡的恐懼，戒偷盜避免眾生的財產損失，戒邪淫避免自己破壞與他人的伴侶關係，戒妄語避免因為失言而傷害他人，戒酒避免自己失去理智與知覺，而做出傷害的行為。

泰錫度仁波切曾對我說：「學佛一定要堅持，直到肉體生命結束為止。就像你不可能吃一頓飯就飽一輩子，堅持有其必要。」在學佛的過程中，我並不覺得持戒辛苦，因為這些規範的用意是對自己與他人的保護，而非給人找麻煩；走在這條路上，不起執著，自然不覺困難。

一旦喜歡一件事，做起來就不覺得苦，又知道這件事所帶來的利益，心裡更加輕鬆自在；縱然我有身體病痛，但以佛法的觀點面對，觀想病苦消業，這一切都有了正向的意義。

拆解情緒的習題

學會一件事情，需要經過聽聞、思考與實作這三個步驟，在佛法學習中，這被稱為「聞、思、修」三慧。說起來，這不是佛教的獨門功夫，任何學習都需要用上這三個方法，甚至時時刻刻都在進行。

「聞」是聽聞與學習，面對一項新事物，我們透過學習去瞭解，就如人生的閱歷與知識就是這樣拓展開來的。「思」是針對所學事物更深入地思考，從方方面面去瞭解，甚至抓到精神意義。「修」則是不斷地實做與實踐，直到完全掌握這項事物的知識與技能。

這三者之中，修的功夫最為重要，因為唯有透過實修，這些聽聞與思考的知識，才能真正變成自己的東西。

以修持「不起嗔心」為例，我們可以從世俗的知識證實，忿怒的情緒對我們的身心有害，從佛法的觀點來說，忿怒具有強大的破壞力，會摧毀我們努力累積的功德善業，也會在心中種下嗔恨的種子。接受上師指導，瞭解關於忿怒的過失、保持安忍的功德，以及如何在忿怒生起時認出這個情緒，這就是經歷了「聞」的階段。

當然，我們不可能光是透過聽聞就掌握面對忿怒的技巧。一般遇到了令人忿怒的事件，通常都會直覺地認為這是因為他人過錯所引起的，但若學習過關於「不起嗔心」的教法，這時候就可以思考：

「跟他起衝突，值得嗎？」

「使我生氣的是他的『人』，或是他所做的『事』呢？」

「如果是他所做的『事』惹怒我，那麼我該對他的『人』生氣嗎？」

思考這些課題，有助於認出自己的情緒面目。而實修的場合，就是在忿怒生起的當下，我們能認出自己、他人、還有情緒的本質都是無常的，為自己在忿怒時設下一道理智的防線。經過反覆練習，提高認出情緒面目的次數，得以降低忿怒對我們的傷害。

一些朋友讀了網路上對我的不實批評，來替我抱不平。我聽聞有心人斷章取義，隨便找理由冤枉我，一開始當然會有情緒。

例如有人公開指責我遺棄第一段婚姻的兩個女兒，害她們過著窮困潦倒的日子。事實上，我跟這兩位女兒的感情非常要好，也一向互相支持，面對不實的指控，我覺得沒有必要浪費資源去澄清；但乍然聽到，我還是會感到忿怒，這種時候就要拿出「聞思修」的功夫來面對。

我利用以前聽聞學習過的佛法來思考：這些消息既然並非事實，那麼我在基礎上心安理得。有心人揑造事實，也許是為了自私的目的，那麼有心人的本人，與他所做的事件，就可以拆解來看。當我直接面對「忿怒」，並且拆解情緒，就可以從忿怒所帶來的煩惱痛苦中解脫，這就是實修。

在認出並拆解忿怒的同時，我還可以用「聞思修」來做「安忍」的修持，不起嗔心與安忍是一體兩面。利用聞思修的方法，讓我能夠將所學應用在生活，也幫助我在負面情況裡，找到安頓身心的積極意義。

慈悲與智慧是修行的雙翼

上師不斷跟我說，在學佛的路途上，「慈悲」與「智慧」相輔相成，不可偏廢。前文提到，我對象徵智慧的文殊菩薩感到特別親切，我對智慧的追求也特別嚮往，這可能與我從小的養成環境有關。

從小作為一個武術運動員，常常聽到有人沒來由地批評我們是「頭腦簡單，四肢發達」的一群，更有人稱我們是「一介武夫」。出於自勵，我不斷爭取讀書的機會，汲取知識與反覆思辨，學佛之後，更是著力在瞭解宇宙真相的智慧。

相較智慧，我常自省慈悲心不足，這反映在日常中，就是怕麻煩——所以我不喜歡教導武術。我若是老師，大抵沒有足夠的耐心，將同樣的東西反覆教上八遍十遍；萬一學生學不會？我可能就會放棄了。由於知道自己的不足，所以我盡力地練習，提昇自己的耐心與慈悲心。

生活中就有這樣自我砥礪的例子。

幾年前，小女兒希望收養一隻老流浪狗。即便當時疫情嚴峻、處處封鎖，我們仍努力跑流程，領養了一隻大狗Robin。向太太聽聞我們想要養狗，也送來一隻小的日本豆柴，我們為牠取名多多。後來兩個女兒回美國念書，照顧這兩隻狗的生活，忽然就成為我的日常工作。

Robin以前流浪過，吃了不少苦，現在有個安穩的家，顯得十分溫順，我走到哪Robin就跟到哪，安靜乖巧，就連我在打坐，牠也會相陪。但是小多多就很調皮，也很神經質、沒有安全感，簡直要把我弄瘋；我拿牠沒轍，只好找來一位教練訓練多多。牠跑步時我得跟著跑，跑著跑著，我都搞不清楚教練是來訓練牠，還是來訓練我了。

經過十六週的特訓，多多一點長進也沒有。教練覺得很不好意思，再送了四堂課，卻仍不見效。後來教練提議，將多多帶回去，與其他訓練有素的狗同住一週，看看能否有幫助。結果一週不夠，還要再一週！

聽到教練要帶多多回去訓練，我覺得好高興！但也不禁在想，每天的佛法功課說要愛一切眾生——但光是面對多多，我要言行一致就很難。陪著多多訓練，的確給自己添了很多麻煩——我看見自己的不足與掙扎，遂將這一切，當作培養耐心與慈悲心。

「慈」是希望他人快樂，「悲」是不捨他人痛苦。佛教講的慈悲心，對象不僅是人類，而是一切眾生；佛法中究竟的拔苦予樂，是將眾生度脫輪迴，離開所有的苦境，真正從根本斷除所有的苦。

然而，真正的慈悲，是需要有智慧的慈悲；沒有智慧的慈悲，很可能只是流於情緒的偏好與選擇。基於希望解脫六道輪迴痛苦的認知而去幫助眾生，這樣的慈悲才能帶來圓滿且永久的利益。

多年前，有一位我認識的導演，他想邀請一位當時極紅的女星拍電影，不過該女星不肯答應。後來導演拜訪羅貢桑仁波切，希望請仁波切修法，「扭轉」女星的意願。導演甚至承諾，如果她願意來當女主角，他就願意皈依佛教。

於是，仁波切帶領喇嘛們開始修法，一共修了七天。在這七天裡，導演對仁波切的儀式充滿了想像，他覺得這一切就像是充滿法術的電影劇情，仁波切定會對女星的照片施法，用各種神祕的手段，使她改變心意。

七天之後，導演好奇地問仁波切：「請問您這幾天修了什麼法？是不是對她施咒？」

「我沒修什麼特別的法，我只是將我一生的功德迴向給她，祝福她好。」羅貢桑仁波切說。

導演聽到仁波切這番話，反觀自己的居心，慚愧得無以復加，也被仁波切無私的大愛感動到痛哭流涕，不管女星的決定如何，當下就決定皈依佛教。說也奇怪，後來女星居然改變心意，答應了這個片約。

仁波切的本意並非爭取導演做為弟子，他只是覺得眾生需要幫助，就盡其所能，將自己的功德迴向給她。我想這就是具有智慧的慈悲心，所感召的動人力量。

轉煩惱為智慧

四個轉變心的思惟

許多朋友問我：「為何學佛？」其實就是因為我發現世間相對的名利權情解決不了生老病死，所以要向佛法追尋。

若問我：「如何學佛？」無非就是從每個人自己的生命困境中，去體悟到這個需求，然後依照佛法的修學次第逐步實踐。

修行的第一步，應該從認識「四共加行」開始。這四個概念分別是：「人身難得」、「業力因果」、「生死無常」以及「輪迴過患」。這四者又稱為「轉心四思惟」，是佛弟子將凡俗心轉為修道心的基礎工程，也以此奠定出離輪迴的決心。

人身難得

人們談論的前世今生，似乎都是以「人」為基本假設，例如說，前世的你是某地的人，曾與某甲結怨，因此某甲投胎成為你今生的怨敵。事實上，投胎轉生成為人類，是極為稀有的事情。人們的前世極可能不是人，可能是一頭大象，也可能是一隻龍蝦，或是一隻螞蟻，甚至是肉眼見不到的小蟲，抑或沒有實際形體的鬼魅。

佛教說，具有心識，能夠感受苦樂的個體就是「眾生」。眾生的數量有多少？根據預估，二〇二二年底世界人口即將突破八十億，這僅僅是眾生中的人類數量，假如將陸上動物、水中生物、微生物等計算進來，眾生的總數實在難以估計。在這麼多的眾生中，要投胎成為人，機率確實微乎其微。

就算順利投胎為人，也有不同的生存條件。降生下來是否五官健全？身體是否健康？是否生於邊荒戰亂之處？是否有機會接受教育？是否有機會聽聞佛法？是否不用被生活所逼而有餘力？種種條件圓滿之後，才有可能成為一個佛弟子，才有追尋超越生死的希望。

眾生投胎轉世的狀況，完全受自身的業力因果所牽引。「業力」（Karma）可以看成一種經由你的行為、言語與心態——佛法說是「身語意」所製造出來的虛擬資產，如果是正面的行動，就會累積正資產；反之，若是負面的行動，就會累積負資產。這些資產分別作用，不能互相抵銷。每一次的投胎轉世，換了一個形體，就像重新擁有一個新的手機裝置，業力如同雲端資料，將完全置入新的裝置。所以有一句佛法偈子說：「萬般帶不走，唯有業隨身。」在這樣廣大的時間與空間架構中，能夠生而為人，有機會修習佛法，真正是稀有難得的事情。

業力因果

業力因果，說來就是「種瓜得瓜」的道理。當我們種下一個善因，經過一段時間與條件的催熟，就會得到一個善果，這是必然的過程。有時候人們會覺得，某人做了那麼多壞事，為何老來得以善終？這就需要從更廣大的時間與空間來觀察因果；從因到果，成熟所需要的時間以及促成的條件，可能超過一世，所以俗諺說：「惡有惡報，不是不報，時候未到。」就是描述這個情況。

任何事情的發生，肯定有其因果關係，所以我們應當避免種下惡因，以避免將來的苦果。當我們盡力幫助其他眾生，讓眾生快樂，這些心意與言行，終將會帶來正向的果報。

像我擁有武術天賦，但也受過各種傷害，病痛不斷，這就可能是過去曾以武術傷害眾生所得的惡報；另一方面來說，也可能是我曾以武術利益眾生，所以此生以此得到榮耀。透過學習佛法，我積極正向地面對所受到的傷害，反省自己，不去責怪人事物。面對那些還沒成熟的果報，我可以利用「懺悔」的力量，將之淨除。

生死無常

電影中經常有死亡的鏡頭，或是戰死，或是被暗殺，或是因病，或是壽終，死亡的橋段每每都是劇情的高潮，勾引觀眾的悲傷、悔恨、遺憾等情緒。

現實生活中也是如此，眼見或知悉親友的過世，無不充滿悲戚哀悼。人們面對死亡的情緒，多是「surprise」（驚異），這就是來自「無常」的剝奪感。

我們都知道電影中的喜怒哀樂是假的，但在電影之外的情緒，難道就是真的嗎？我們把生命的幻境當作真實，將一切認為是「恆常」，一旦人事物發展脫離了認知的軌道，遂感到沮喪與失望，極為無助又莫可奈何，即是無常帶來的痛苦。

死亡之後，因為業力因果的牽引而再次投生，在新一次的生命中，又締結新的業力因果，一次又一次地經歷無常，生死反覆，周旋在不同的生命型態中，這就是輪迴。生生世世都在這個結構中浮沉，想不起任一遭的生命記憶，此生的命運卻隨著自身的善惡業推進。

佛法帶領我們認識無常，並且把握當下，使我們做人做事減少後悔，不留遺憾。

輪迴過患

當我拍電影時，主角的命運有好有壞，可以是英雄也可以是強盜，因為我知道這些角色人物是虛構的，所以李連杰可以超然地扮演他們，拍完一部電影再換下一部。玩電動遊戲時，隨著遊戲進度往前進，倘若殞命，還可以讀取進度玩下一回合；如果沒有存檔機制，玩家每一次都得從頭來過所有歷程，這個遊戲可能不會帶來樂趣，一再重複的路線，可能會讓玩家覺得惱怒與無趣。

生命也是如此，如果我的生命隨著輪迴不斷重複，每一次都要從頭來過：出生之後努力學習十幾、二十年，然後努力找一份工作，努力締結婚姻，努力維持一個家庭，不論意願如何，都要勉力經營人際關係，爭取更好的工作，期待更好的薪酬。這樣一再反覆的生命劇情，對我來說是非常無趣且沒有意義的事情，所以我要努力改變它。

藏傳佛法的噶舉派祖師密勒日巴尊者，花了幾十年在洞窟中修持，很多人讚歎：「您太勇敢了！太厲害了！」但是尊者回覆他們：「你們比我勇敢多了，即便經歷生生世世的輪迴，還有勇氣承受一樣的痛苦。我是因為害怕繼續輪迴，所以如此精進修行啊。」

我認同密勒日巴尊者的這個故事，這與我的思考一致。所以這二十五年來，我將超越生死的修行當作第一要務，遠高於我對武術、電影或是公益的熱情。

既然無常，就有好壞

修持四共加行，是為了將這些概念如實地應用在生活的方方面面，從「心」改變；佛法從來不是高深莫測的空中樓閣，而是非常接地氣、可以真實感受到生命經驗改善的具體方法。

例如「無常」，一般人總是到了生離死別時，才驀然想起這個詞彙，但其實「無常」發生在生活中的每一刻。無常，是指沒有事物是恆久不變的；唯一確定不變的，就是無常。

事物有好，就會有壞，這就是無常最淺顯易懂的說法。

有一次我途經香港機場，天候不佳，準備要過海關的人很多。來到自動海關閘口時，我拿出身分證插入機器，機器毫無反應，我正覺得奇怪，這時，排在後方的旅客不耐煩地喊了起來。

「前面的，你蠢啊！卡片插太快了，慢點啊！」

我聽到之後，重新將身分證慢慢插入機器。閘口還是沒反應，後面的人又叫嚷起來。

「你做什麼呀！現在動作又太慢啦！這樣機器怎麼讀得到啊！」

我當下心平氣和，只覺得這一切都是無常，機器有運轉順利的時候，自然會有壞掉的時候，這很合理。

知道這裡有騷動，海關人員走過來協助確認。

「李先生，對不起，這臺機器壞了。」

知道是碰上機器故障，我便回過身去，鞠個躬，跟後面的旅客抱歉。這時後面叫嚷的人看見是我，又見我的反應，反倒尷尬了一下。

正因為人們假定了一切都會如願順利，一旦遭遇困難，就開始焦躁煩惱，視情節大小，有時甚至感到痛苦。事物的正面是正常，反面亦是正常——無常就是如此，是中性且自然的存在。

又有一次，我搭車前往杭州，不知何故而塞車，路上的車輛走走停停，四周不時傳來喇叭聲，瀰漫著一股急躁的氛圍。於是我開始思惟無常，既然有暢通就會有堵塞，暢通自然很好，塞車了我也可以在車上持咒念佛，隨遇而安。

這一切都可以當作生活中的禪修。

上師慈誠羅珠總是提醒我們：修行要設定目標。皈依三寶之後，下一個目標要修到「出離心」穩固，深切認知到輪迴的痛苦與無意義，進而求超越生死。這需要以四共加行為方法。

就像修持無常，讓我們體會到世間的一切沒有恆久的存在，正因為無常，此生所有的積累與聚斂，不論是聲名、利益、權力、感情，終究在辭世的時候成空。領略觀修無常的利益，便能看淡人世間的起伏，煩惱就能減輕，心裡自然輕安自在。

五加行：耕耘永續的生命

在藏傳佛教的修行地圖上，修好了四共加行之後，通常會隨著上師的指導，進入「五加行」。這五項修法分別是：「皈依」、「發菩提心」、「金剛薩埵懺悔罪業」、「供養曼達累積資糧」以及「上師相應」。

我不是上師，沒有資格深談這些修法的細節。但五加行帶給我很大的啟發，有其珍貴的價值，這關乎一個修行者的目標與達成效率；我想就自身經驗，鼓勵讀者耕耘自己的永續生命。

打個比方，若有人要從亞洲到非洲，目的地確定了，就可以選擇交通方式，無論走陸路、水路、搭飛機，或快或慢，都可以抵達非洲，端看願意花多長的交通時間。修行也是這樣，先問目標，再決定方法；五加行是非常有效且直接的修持，就如同上述前往非洲的交通方式裡，選擇搭飛機一般。

我追隨上師學習寧瑪傳承的大圓滿，修五加行是必要的。「加行」指的是正行之前加上去的功課，雖說是附加功課，但歷來也有許多大德指出：加行的修法非常深奧，修得好也能證悟。

五加行中「皈依」與「發菩提心」是奠定修行的基本態度，確立以佛法僧三寶為究竟的庇護，並以利他的心願作為修行前提。「金剛薩埵懺悔罪業」是以金剛薩埵的修法，清淨我們累世以來的罪業。就像一桶有雜質的水，如果希望水恢復澄淨，你可以不斷為這桶水注入清水，將雜質稀釋，這桶水也會越來越乾淨，最終趨近清澈的本貌。「供養曼達累積資糧」是觀修將宇宙一切供養諸佛，藉以斷除貪執，並累積修行路途上所需的盤纏資糧。「上師相應」是最深奧的部分，觀修自己、諸佛與上師在心的本質上沒有分別，進而融為一體。

五加行中的「皈依」需結合五體投地的大禮拜，傳統上會要求修行者依照儀軌，陸續累積大禮拜的數量，直到拜滿十萬次。這對一般人來說是一大挑戰，很多人會困在這一關而無法堅持下去。

大禮拜除了考驗體能與毅力，同時也是內心的修行。以全身伏地禮拜，象徵放下傲慢，觀想我與一切眾生——包括喜歡與不喜歡的眾生一同拜佛，訓練自己將心打開。如果這些認知做不到，很可能是先前的四共加行還沒確實做好，出離輪迴的心尚未穩固——如果確認了出離輪迴的決心，這些修行將會富有意義，而非只是枯燥反覆的功課。

在五加行的「上師相應」修法中，需將自己的心與上師的心相融，這一點對許多人來說很抽象，不易做到，但是我對此修法非常有信心。

這麼說吧，我從小習武，除了學校老師指導，還有許多外聘的教練，我自覺不夠，一有空閒就往深山老林跑，向民間的武術行家請益。有一位道家的老師說得很深刻，他說：「真正的武功不是用練的，而是用『傳』的。」

這是指，真正的武功並非動作技術，而是心的武德。古代的武術師父教了一幫學生，練了十幾年，最後選擇人品最好的學生傳授心法。試想三國時代，呂布是公認武功最佳的，但為何後世「武聖」是關公而非呂布呢？這就是以武德來論。

以心融心，無須語言，也不用動作，這是最高層次的上師相應。

憶念上師的所緣物

認識我的朋友大多知道，我喜愛念珠與天珠之類的珠子，但可能不太清楚原因，其實，這些聖物對我來說有多重意義。剛開始學佛的時候，這些物件提醒我修行，遵守戒律，言行一致。到了更進一步的佛法修持，這些物件提醒我，所有的利他事業，都是上師透過我的手去做的，以上是相對的層次。到了究竟的層次，這些聖物的意義，就是上師的心與我的心在一起，一切修持莫不如「覺知」，我藉此修持「上師相應」。

佛法要修行者放下執著，有人可能會以此問我，持有念珠是不是一種執著？

我認為某個程度上，是的，這是一種執著。但我們在成佛以前，都需要修持上師相應，而我取珠子當作憶念上師的所緣物，它在這段旅程中，像是渡河的船；我要到對岸，需要船的載送，但船的本身不是我的目的，它僅是達到目標前的善巧工具。

再者，我對於持有物品向來有個邏輯：「給出去的才是你的，擁有的只是保管。」就像是好友送我一只手錶，我從來不覺得這只錶是「我的」，我會認為這是「朋友送的」——所以，即便我擁有來自不同上師賜贈的念珠，我也不覺得這是「我的」，反而會因為看見某一條念珠，而想到那位上師及其高尚的行誼。

凡對我傳過法的上師，我都會向他請念珠，不論材質如何，也不求數量多寡，就求一顆「您用過的珠粒」就好。我會隨身佩戴，這是對上師的信心託付，也是提醒自己不忘師恩的具體作法。

現在的生活中，我最感興趣的就是佛法與修行，我對飲食衣著等物質條件不重視，但我有許多念珠，有些是我向傳法上師求的，有些是上師知道我有這個習性送我的，上師們以此勉勵我精進修行。

學佛初期，上師羅貢桑仁波切按照傳統密續的記載，告訴我修不同的法可對應不同的念珠，例如修綠度母可以用綠色念珠，修阿彌陀佛用紅色念珠等，因此，我抱持著「工欲善其事，必先利其器」的想法，準備了許許多多不同的念珠。

前文提到，二〇〇二年初次與宗薩仁波切見面時，我以如何選用念珠的問題請益於他，仁波切只回覆：「你看釋迦牟尼有拿念珠嗎？」仁波切以究竟的視角將此相對的問題輕輕撥開，頓時讓我無言以答。我明白這是仁波切提醒我，佛法的核心不在於此。

當時的我雖然放下了選用念珠的問題，但我還是請問宗薩仁波切能否送我念珠。仁波切答應了，但他身邊沒有攜帶珠子，承諾下次見面送我。

那一年之後，我陸續見到許多上師，也都從上師處順利求得念珠，唯獨宗薩仁波切，每一次當我拜見他、向他提及請念珠一事時，他都是一貫的回答：「好，但我這次沒有帶念珠，下次見面時給你。」迄今竟已二十年。

二〇二二年，我有幸能與宗薩仁波切在新加坡有一場《心經》座談，在這一次會前的私下拜見，宗薩仁波切終於賜予我一串特別的念珠，其意義是利他與分享。至此，我像是考了一場二十年的試，每一次對於獲賜宗薩仁波切念珠的得失起伏，在歲月中漸趨平緩，而我始終相信，上師會在最適切的時間給我最需要的指南。

靜觀心性本質

水與電影：兩則關於心的比喻

水的比喻

道家經典《道德經》中有一名句：「上善若水，水善利萬物而不爭。」這指出水的特性是最高明的——既滋養了萬物，但不與其他事物計較或衝突；水始終往低處流，流到盡頭，匯入海，歸於一處；原本各有名字的水系，如長江或黃河，出了海，也都被海包容。

佛法同樣也善用水的比喻。佛陀的心是水，我等凡夫的心是冰塊，兩者的本質一樣，但是凡夫有我執與煩惱，因而凍結；水則流溢，滋長萬物。雖然冰塊的本質是水，因為暫時的緣分才使其冰凍，眾生卻無法從冰塊獲得利益。那麼，佛法便是熱能，可以融化冰塊，讓眾生還原到與佛相同的狀態——水。

海面受到風的吹動推起了激越的浪花，海面下的潮流相對顯得平靜深厚，這僅是因緣不同而有不同狀態的顯現；不論是浪花或是海流，本質也都是水。

一桶有雜質的水要如何澄清？僅需靜置，雜質終將沉澱，清水的本質自然顯現，這也是禪修的要旨——無需費力去攪和，心本來就是澄明的，只需以覺知觀照，終能還其本來面目。

電影的比喻

因為長年的工作經驗，我很喜歡用電影畫面思考事情，例如佛法所說相對世界的「世俗諦」與空性的「勝義諦」這兩個層次，我便是以畫面來協助自己瞭解。

我們所在的這個地球、這個世界，乃是因為我們看得見（眼）、聽得到（耳）、嗅得出（鼻）、嚐得了（舌）、摸得著（身）等諸多條件，而讓我們願意相信這一切確實存在，一旦脫離了感知所能驗證的範疇，就覺得不真實，也很難去思考。

佛法都說以修行登上「彼岸」，彼岸是什麼地方？相對於我們體感世界的彼岸，一個究竟的彼岸，是什麼樣的存在？彼岸可以給我們什麼啟發與幫助呢？

試想，在勝義諦的層次，彼岸是一個純然以能量表現的世界，是「空」的世界，沒有形象，沒有顏色，正如佛的法身（Dharmakaya）無所不在。在這個基礎之上，還有個「明」，這就是佛的報身（Sambhogakaya）。法身的空與報身的明不可分，就像太陽與太陽光的關係。佛的大悲心產生化身（Nirmanakaya），就像是空中落下的雨，雨水以實際的方式，滋潤這個世界。

如果從以上這個勝義諦的層次看回來相對的世界，就像從太空看回地球，人類賴以為生的全部，不過就一個小點，幾十億人口之間毫無差別，極其渺小。站在明空的狀態來看，不用形象語言，但他確實知道一切。

每一個眾生的內心裡，都有明空雙運（雙融）的本質，就像是澄清的水，也像是電影畫面的彼岸世界，這必須向內尋找。諸佛在明空雙運的情況下，會以大悲心化身，成為能夠到我們這個相對世界的具象存在——可能是任何形象——給予你內在的啟發。

換一個視角，跳開我們既有的思考，或許我們都可以從勝義空性的角度，找到解脫相對世界的鎖鑰。

緣起性空

大概在二十年前，我學佛之後不久，常常思考所學的佛法，特別是「有、無」等關於存在的問題。這些概念很抽象，不容易理解。

某次我從理髮店走出來，路邊一輛白色的小車，於是我走上前去看。我靠得很近，觀察我所見到的東西。

我問身後的助理：「你看到了什麼？」

「一輛車。」助理說。

「但我此刻看見的是一片白色，沒有看見車。」

「這是一臺車嗎？或是一片白色？此時此刻，這裡有車子嗎？或是沒有？」

這種思辨同樣發生在操作顯微鏡時。眼睛看入顯微鏡的顯像，許多東西形色各異，但如果不透過顯微鏡，那些玻璃片上的檢測物，又是小到肉眼看不見。這是有，或是無呢？又是誰在觀察呢？

我將這個思考帶入生活中，偶而會發生很有意思的討論。某次一位朋友見了我，習慣性將他的右手伸出來要與我握手，我說：「我們之前沒有握過手吧？」

朋友有些詫異，他說：「應該是有的，我習慣跟朋友握手啊，是你忘記了吧？」

「以前我們握手的細胞，經過那麼長的時間，早就代謝掉了。當時我們互握的手，與此刻的手組成不同，不是同一隻手，所以我們沒有握過手。」

我想，若真瞭解空性，是不可能有誰與誰握過手的。時間的推移、細胞的代謝，即便是看似簡單的雙手交握，都充滿了無常變化。拿開這些條件，握手不存在，才會道是「空」。

二〇一八年，我首次到拉薩朝聖，到了著名的大昭寺，頂禮由唐朝文成公主帶入拉薩、俗稱「覺沃佛」的釋迦摩尼佛像。寺裡的管家喇嘛告訴我一則傳說：釋迦牟尼佛當年親自為這尊佛像開光時，裝藏了一顆如意寶珠，只要有人在佛像的左膝前虔心祈求頂禮，佛陀就會賜予。

聽到這個故事的緣起很好，我把握機會祈禱，也在佛像的左膝那側頂禮。虔敬地祈願完畢，當然什麼也沒有發生，我也不覺得失望。那次旅行，我請回了一幅覺沃佛的照片，就掛在我家的佛堂裡。

後來某次在家禪修，向覺沃佛祈禱，想起了在大昭寺的那一次祈願。我腦海中出現一幕畫面，一道藍色強光從佛陀那兒照射到我的心口，強光前端是一顆藍色的如意寶珠！這道藍光毫無停滯，從我的心口穿過身體，寶珠就這麼穿越遠去。

低頭一看，我的身體前心到後背，被寶珠穿出一個大洞！我愣住了，隨後感受到這是空，如意寶珠就是空性本身！這就是佛陀的恩賜！我感動不已。

過去聽聞如意寶珠，總覺得是一種實際存在的珍貴寶石，向它祈求就可以滿願，就像是阿拉丁神燈，要什麼給什麼。實際上，佛陀已經無私地將如意寶珠分享給我們；一旦證得空性，不僅解脫了此生相對世界的煩惱痛苦，同時也圓滿了究竟的智慧。

我讀《心經》

《心經》是《般若波羅密多心經》的簡稱，是佛陀宣說空性的核心教法。

隨著佛法傳入中國逾千年，佛教文化與思想也融入了中國文化，不論是否信仰佛教，許多漢人都可以隨口說出幾句《心經》的句子，諸如「色即是空」或是「心無罣礙」等，可以說《心經》是漢文化世界中流傳最廣的經典。《心經》記載了佛陀與觀世音菩薩還有弟子舍利弗的對話，讀者可以秉持經中的智慧，突破相對思惟的框架，瞭解宇宙的實相。

以「色即是空」這個名句來說，便指出了佛法的「空性」要點。

「色」指的是我們所見的一切事物與現象。例如我眼前有一只杯子，它就是一種「色」。而「色」怎麼會是「空」呢？佛法所說的「空」，不是什麼都沒有，而是描述「緣起性空」這個佛法揭示的必然狀態。我們可以借用物理科學的角度來思考「空」這件事。

眼前這個杯子，看得見、摸得著，而杯子之所以成為現在我們所見的樣貌，是以陶土與釉料做為原料，再經過塑造與燒製而成。這樣一來，杯子是杯子嗎？或是陶土釉料與能量的總和？

若我們將杯子拆解成最小的分子結構之後，再繼續拆解下去，會得到什麼呢？屆時「杯子」還存在嗎？佛法說的「空」與這樣的物理概念很接近，即是接受所有眼見的一切都是由因緣聚合而成，事物的本身沒有永恆固定的存在。

在我們生活的相對世界裡，肉眼可見的範例是最容易理解的。但即便是談到肉眼所見，也能從物理學、生物學甚至是醫學去瞭解，「看到杯子」這件事，是因為杯子在光的反射作用下，使影像倒映在視網膜上，再通過神經傳導，終於在腦中知道這個杯子的模樣。

人類肉眼所能見到的光波是有限的，耳朵所能聽到的聲波也是有限的，我們用眼、耳、鼻、舌、身所感知的這個世界，都是極其有限的，這一切都是「色」的一部分，當「色」被拆解成最基本的單位之後，原先的物體不再，所有的感知也成了一場遊戲，這就是「空」。

將杯子的例子對應到自己，便可以瞭解「無我」。

當你們聽到我說：「我」的時候，顯然就會覺得是指「李連杰」這個人，但如果將李連杰的身體分開來看，個別的手、腳、軀幹、頭髮、眼睛、牙齒，乃至更細緻地分解為細胞、水分、角質等，這些東西還是李連杰嗎？

這條胳膊是李連杰嗎？或這隻腳是李連杰嗎？似乎都不是。那麼這個「我」是真實存在的嗎？或僅僅只是因為各種條件所聚合出來的結果呢？與上述杯子的例子一樣，「我」也不是一個固定、永恆的存在。

在相對世界裡，我們都用「我」去工作與生活，以眼、耳、鼻、舌、身去感受，然後在心中區分好與壞、善與惡、喜歡與不喜歡，諸如這樣的二元概念。然而這些判斷都是主觀的，每一個人下的每一個判斷，都由他背後的許多緣分所支持著；事物本身沒有二元概念，都是我們的心去區別的。

我在相對世界的情緒與痛苦中，瞭解到佛法所帶來的救贖力量。在上師的指引下，我明確感受到唯有證悟心性，才能超越生死；所有的「我」，都是相對世界中的色相，其本質終究是「空」。

瞭解「色即是空」之後，請別忘了，經文的下一句是「空即是色」。反過來理解，若將陶土與釉料重新組合起來，就成了杯子，而將這些這些胳膊與軀幹組合起來，就成了我，所以說，「有」與「無」，「色」與「空」不是各別兩種界線分明的狀態，一切皆以因緣和合與離散而定。

《心經》指引我們的，正是佛法中最精妙的空性道理。一旦解除了對於主體的執著，沒有了「我」，自然也就沒有「我想追求的事」。當一切的判斷與概念都融入空性，「超越生死」的意圖，自然也就在這一份覺知中明朗開闊。

接受自己的不完美

有一則很有意思的藏傳佛教比喻：我們的身體就像一幢房子，視覺、聽覺、嗅覺、味覺、觸覺，就像是這幢房子的門窗，房子裡住著一隻瘋猴子——牠就是我們的「心」。瘋猴子精力充沛，到處亂闖亂竄，試圖從各個門窗出入，一刻不得閒。

一會兒你想吃東西了，瘋猴子慫恿你去廚房，帶著你翻箱倒櫃，牠說：「吃泡麵吧！滋味可好了！」當你開始拆泡麵袋時，牠又說：「不不不，還是烤個披薩吃吧！」當你不知如何是好，瘋猴子又跟你說：「一邊吃飯，一邊看電影才痛快呀！走吧、走吧！」於是你拿著食物，被牠領著，匆忙地去客廳測試電視機。電視機剛開，瘋猴子又提議：「不管電影了，我們還是打電動吧！」翻來覆去，我們跟著瘋猴子跑個不停。如果你厭倦了牠，企圖將牠趕走，牠偏偏就只在屋裡待著；本來你對牠的煩厭，又因為壓力而轉為忿怒或恐懼。

瘋猴子就在屋裡，不斷左右你的決定，彷彿成為你的主人。

我們都有一個瘋猴子般的心，不知道瘋猴子存在的人，被帶著日夜奔忙；知道有瘋猴子的人，如果不知如何應對，可能也會覺得洩氣，拿他沒有辦法。又因為受到身邊因緣條件的影響，每個人都將瘋猴子養成了不同的面貌。

當一個電影演員，要在一群人之中脫穎而出，讓觀眾一眼就看見你，這是經過專業訓練的結果，所以我說，作為一個演員，一定要非常自我中心——就算你的本性並非如此。你的登場是所有工作人員努力的成果，每一位同仁各司其職，舉凡服裝、髮型、化妝等，無一不是要將你拱成最亮眼的明星。我的本性低調，不喜歡這樣的生態，但從影三、四十年，出於敬業，也必須得這麼做，於是我心中的那隻瘋猴子逐漸被養成了一種孤傲的態度。

作為個人，我有我的顧忌，但隨著修學佛法，從事公益事業的時候，想著怎麼利他，就可以放下這些堆疊起來的自我。創立壹基金時，有朋友看到我的辛苦，說我為了公益，把自己變成了個「孫子」。我想的是，如果連「我」都不存在，姿態像個孫子又如何？在這個層次上，佛法真正帶領我從小我走向大我。

但即便是大我，終究有一個「我」，甚至可能會因為自覺大我更了不起，而使這隻瘋猴子用更幽微、更具技巧的方式，在屋子裡支配擺布。

其實，在瘋猴子的場景背後，還有一個清明不動的「心性」，這又稱為「覺知」。以警匪來比喻，當警察站出來，匪徒自然不敢輕舉妄動；當覺知在的時候，瘋猴子就會稍微安分一些。透過禪修的訓練，以平靜專注的力量，收斂感官的紛亂，使瘋猴子逐漸安定下來，讓覺知成為這裡的主人。

近年的閉關與禪修，我不斷練習觀看自己的煩惱——也就是那隻瘋猴子的諸多作為，就只是看著，不與之互動，漸漸地，我可以感受到擺脫瘋猴子影響的自在。但是，追求這份解脫感受的完美主義，讓我在一些課題上，難以放下曾經的過錯而責怪自己；我不計算我的成功，但我在乎我的失敗，這類型的執著，不大不小，始終根深蒂固地存在。

後來我開始學習接受自己的錯處，不要求自己是完人。在修行的路途上，我們永遠是還有進步空間的學生，直到有了這番認知才發現，承認自己是一個不完美的人，這樣的感受很好。好像那隻善於學習與偽裝的瘋猴子，在覺知的光明之下，益發平靜柔軟。

心性與覺知的保持，有賴勤加練習，這有如學游泳，在瞭解游泳知識之後，一定要實際下水練習，若不下水，就不能體會真正的情況。經過反覆練習，身體記憶這些技能，直至成為本能反應。

噶舉傳承有個知名的故事：岡波巴（Gampopa）大師在密勒日巴尊者座下學成之後向恩師告辭，送走了岡波巴不久，密勒日巴又急急忙忙地喚他回來，說是有一個寶貴且殊勝的密法口訣要傳授與他，只見密勒日巴掀起自己的衣服，給岡波巴看自己因為終生苦行而滿布全身的老繭。密勒日巴告訴岡波巴：所謂最深奧的口訣，就是精進修行，切莫辜負了這個口訣。

密勒日巴尊者與岡波巴大師，都是歷史上公認完全證悟的成就者，然而這最後的教學，卻如此樸實懇切。這則故事讓我明白，在佛法道途上的最重要的原則無他，就是持續踏實地修練（practice）、修練、再修練，才能到達沒有禪修的禪修，以及常保覺知的境界。

迴向有情

小女兒有天端著電腦來到我面前，問了關於我臨終與身後的事，她想筆記下來。

「就按照《西藏度亡經》記載的做吧，如果能找到上師幫我修法，那當然是最好的。」

「畢竟是公眾人物，我走之後，可以在網路上發個消息。」

「我看網友的悼念方式，多是寫『一路好走』或『R.I.P.』，或許幫我發布消息時，就寫『我走啦！我唯一的願望是，衷心希望看到這則消息的人，念三聲南無阿彌陀佛，謝謝。』其他也不用多寫了。」

會想這樣做是受到聖嚴法師遺願的啟發。當此生已盡，不能再用這個身體利益眾生，那就發個願，讓那些還記得我的人，看到消息還能跟阿彌陀佛結個善緣。

女兒問：「那些佛教收藏品怎麼辦？」

這倒是我此生掛懷最多的物事。「可以流通的就流通，不能流通的，捐到適合的地方吧，讓後世有緣人可以看見。有不懂的，可以請教上師的意見。」

「那墓葬呢？」

「往生後根據經典記載停靈七天，念佛修法，完了就火化，之後你怎麼方便怎麼做吧。倒是你媽媽想要做傳統的藏傳佛教火葬，我到時如果還在世，可以幫忙打點，若不在了，就要麻煩你們囉！」

一個人的生命，之於宇宙微乎其微，那些曾經離開地球的太空人，當他們從宇宙某處回望地球，我們所認為的全部也僅是一小點，地球上的人已經完全不可見，更別提發生在人類身上的名利權情。我們生平所在乎的一切，僅是微塵上的微塵，質量趨近於零。

我的存在或消亡，一點也不重要。

我所能帶給眾生的，是全然的迴向，將我所有的善德迴向給一切有情眾生。究竟來說，一切是空性的，在無冀無求的大悲心裡，沒有我自己，沒有我造的善德，也沒有要迴向的眾生，沒有我，自然也沒有他，一切本來圓滿。

每一位佛弟子從相對的層次開始，一點一滴累積善行，在上師三寶面前，點一盞燈，供一朵花，到漸漸捨棄我執，漸漸圓滿菩提心；我全心隨喜這些自始至終的善行，這之中的每一點力量，都將成為利益眾生而證道的資糧。

花甲之年嘗試書寫，我用我的方法來分享學佛經驗。凡有錯處，自然是我的責任；凡有任何啟發，都是來自上師的加持。

我深深地感恩這些上師。

第三輯

擺渡——指引道途

Beyond Life And Death

Jet Li looking for Jet Li

輪迴擺渡人

千百年來，指引眾生超越生死的佛法，就在歷代上師間，一代又一代地傳承，就像是電流，一段一段地接引，點亮每一盞流過的燈。

佛陀出生的兩千五百多年後，我們若有機會遇到一位具足慈悲與智慧的上師，他就可以在相對世界中指點你的修心技巧，並在到了你提起覺知的時候，繼續帶領你前行。在我所處的時空中，實際帶領我修行、指引我瞭悟真相的上師，其恩德比起佛陀，甚至有過之而無不及。

要能夠順利地聽聞佛法實修，就得具備五種條件：上師、法教、弟子、地點、時間，當這五種條件都圓滿時，佛法才有機會弘揚，我們也才有機會瞭解相對與究竟的真相。

有些朋友會問我：「追隨哪一位上師好呢？」

我都會以一則比喻來回覆：如果是以取得學位為目標，那麼你會去投考一間喜愛的大學科系，然後追隨系上的某一位教授，按照教授的指導，依序完成研究，經過學術考核，最後取得學位。在一間有威望的大學裡，任何科系的教授，都足以指導你將學位論文完成。

回到方才的問題：「要追隨哪一位上師？」我會建議，基本條件是該上師隸屬正信佛教，具有明確的師承，並且獲得驗證，具有慈悲心與智慧，真正關心你的解脫狀況者。若你與具備上述條件的上師有緣，願意相信他，並且願意接受他的指導，而他也願意信任你，願意指導你，他就足以擔任你的上師了。

有一點原則很重要，不論是用來比喻的教授，或是比喻的上師，他們都是協助你往目標推進的角色，這個角色的背後是他的才識及智慧，而不是他的個人。「依法不依人」是佛陀給我們的最高指導原則；就連佛陀自己，也要求弟子檢驗他所說的法，而非盲目地追隨。

在我過去二十五年的修行歲月中，遇到了許多偉大的上師，也有幸在他們的座前學習佛法。這些上師都有崇高的心靈，以及度化眾生的悲願，他們絕對有資格堪任眾生的導師。在其他傳承中，也還有許多我尚未結緣的偉大上師。我衷心地祝福各位，能早日遇到具備資格的有緣上師，並跟隨上師學習。

按照我與上師的相遇時間先後，在此分享三位上師的佛法教學體系。這三位上師的第一語言都是藏語，宗薩仁波切與明就仁波切可以用生動活潑的英語傳法，其教學內容也有完整的中譯，慈誠羅珠堪布則是精通中文，學貫藏漢，可以用中文精準地講授佛法。

宗薩欽哲仁波切

宗薩仁波切是目前我追隨時間最長的根本上師。仁波切熟悉西方文化背景，教學風格非常活潑犀利，善於剝開文化包裝的外衣，除去既有概念的束縛，直接帶領弟子看見佛法的本質。

宗薩仁波切發起「八萬四千・佛典傳譯」（84000:Translating the Words of the Buddha）非營利組織，宗旨是將佛陀的言教，藏譯英為現代語言，並將翻譯成果在線上出版，提供修行人、學者與所有讀者使用的資料庫。佛法典籍的流通與普及，將是本世紀至未來，利益遠大的重要基礎工程。仁波切同時透過本人的著作，以及全世界的「悉達多本願會」（Siddhartha's Intent, Singapore）及相關佛法中心，指導全球的弟子，學習與修行佛法。

慈誠羅珠堪布仁波切

慈誠羅珠堪布是以中文帶領我，將藏傳佛法重新學起的根本上師，也是我的大圓滿修行上師。我的第一位上師羅貢桑仁波切，感於藏漢語言翻譯的阻礙，所以將我推薦給慈誠羅珠堪布指導。堪布的教學嚴謹紮實，論證細密。

慈誠羅珠堪布近年所有的佛學演講與相關資料，都匯集成《慧燈之光》系列叢書與影音資料，包含基礎的佛學講授，到進階的佛學問答，提供弟子進行聞思修時，見樹又見林的知識體系。堪布的弟子亦發起慧燈禪修班，建立學習小組，一起觀看堪布的教學影片，配合文本教材，一起研討，互相交流，學習並體驗法的核心內容。

詠給明就仁波切

明就仁波切是我的大手印修行根本上師。仁波切學貫大手印與大圓滿傳承，遊方閉關修行資歷舉世知名，並將千年以降的大手印禪修傳統，化為清晰且易於實做的修行地圖，讓弟子不只在生活中感受禪修的美好，並且能循進階方法進入修道。

明就仁波切以平易近人的方式指導禪修，結合仁波切自身的修行體驗與現代的科學研究，以禪修化解現代人的煩惱困境。仁波切有兩大公開課程，一是開放給所有人的「開心禪」，它以藏傳佛法禪修為途徑，但本質並無宗教色彩，三階段的課程達到內心的平靜、開放以及喚醒智慧。另一課程「解脫道」是在「開心禪」的基礎之上，進入大手印傳承的佛法次第禪修。

彼岸指南

二〇一〇年，慈悲的明就仁波切答應我的求法，在新加坡家中傳授阿彌陀佛灌頂與極樂淨土的修持法門，隨後，仁波切在新加坡亦有公開的「開心禪」（Joy of Living）課程，那是我初次接受開心禪的課程，此後，我反覆修學此課程，獲益極大。

我們的心總是在輪迴中流浪，因為執著與僵化的概念而受到束縛，進而產生煩惱與痛苦。眾生都有菩提心，即是擁有佛性的種子，所以人人都有成佛的潛力。為了撥開煩惱的障礙，將心帶回真實本性的「家」，所以我們踏上了禪修的旅程，先將那個不斷隨著念頭漂浮來去的「心」安定下來，在相對的層次得到安穩，再進一步依循佛法，去覺知那個跟佛陀沒有差別的「心性」。

開心禪就是前半段的訓練課程，它向所有人開放，不設年齡限制，也沒有程度要求，有興趣學習非宗教形式的禪修者，或是嚮往佛法實修的人，都可以在明就仁波切親自設計與指導的課程中得到訓練。

開心禪希望帶給學生的，就是去發現心的平靜安穩可以不被外界的因素左右，可以逐漸在體驗覺知中，發展我們本來就有的慈悲與智慧。認識與培養這些特質，使我們在情緒與覺察力上更能自主，有助於提升我們在相對世界中的生活品質，並站在這個基礎上，進一步追求究竟的超越生死。

「解脫道」（Path of Liberation）是在開心禪的基礎之上的體驗式修持課程，結合了藏傳佛教中的噶舉與寧瑪兩大傳承的核心修持。有意從事解脫道修持的同學，需要皈依，接受四加行的口傳、灌頂以及解脫道的修持指引。

解脫道是傳統藏傳佛法的修持，由明就仁波切依循祖師傳統，設計出符合現代學生的方法，並帶領學生進行「心性修持」，這將與我們覺醒的本質，亦即「覺知」相連結。此外，解脫道亦有「觀想」的教學與修持，消融阻礙我們看見覺性的習氣，這也是幫助學生連結覺知的修持方式。以上所有的課程資訊，皆可以在明就仁波切指導的全球德噶（Tergar）禪修中心取得。

最有價值的保險

二十五年來，我曾多次入藏閉關，也曾幾度出入印度、尼泊爾、不丹等藏傳佛法興盛之處。這些地方的人們，生活在佛法的環境中，自然而然地誦經、持咒、繞佛、大禮拜等，也樂意將所造的福德，迴向給一切眾生。

有些藏民長輩即便身體不方便，依然充滿笑容地修持。他們對生死的態度非常坦然，即便被醫生宣告生命可能只剩下三個月，他們可能還是會笑著跟你說：「沒有問題！」反觀我們所處的高度發展社會，當人們得知自己身患絕症，通常顯得非常無助與恐慌，這樣的焦慮，甚至迫使病人過度醫療，讓身心難以負荷。

越來越瞭解藏傳佛法之後，我喜歡開玩笑地說，這些藏民很聰明，他們從小在佛法中培養信心，等於買了一份解脫的保險，而且連年續保，即便知道此身終有毀壞的一天，但依賴佛法，面對死亡也不至於驚慌失措。

利用難得的人身追求佛法與實踐佛法，絕對是此生最有價值的行動。像是密勒日巴尊者，一生勇猛精進，不但自己超越生死，同時也帶領無數的眾生脫離輪迴的痛苦。像密勒日巴尊者這樣即身成佛，是密乘修行者所能達到的最高境界。

但若眾生沒有辦法達到密勒日巴尊者這麼高的成就，怎麼辦？超越生死還有可能嗎？當然是有可能的。如同泰錫度仁波切對我說的：「焉知百步的旅程，是否只差一步呢？」我們可以發願生生世世修習佛法，一步步向目標邁進。

此外，還有「中陰解脫」與「求生淨土」兩大法門，可以幫助眾生自力救濟、脫離輪迴。掌握這兩個法門的訣竅，就像為自己在脫離輪迴的路途上，加買了兩份非常有價值的保險。

「中陰」又稱為「中有」，意思是中間的狀態，一個眾生從尚未解脫到解脫之間的狀態是巨大的中陰，這其中又有多次的輪迴生死；生到死之間是中陰，死到生之間也是中陰，依藏傳佛法所示，共有六種中陰狀態。當我們的肉體開始難以為繼，逐步進入臨終的流程之後，直到再次成為新的生命型態之前，陸續會經歷「臨終中陰」、「法性中陰」與「投生中陰」。

如果曾接受過具足資格的上師傳授過中陰解脫的法門，並且熟悉這些觀修，此人就有可能在神識脫離肉身之後，掌握到解脫的機會。換句話說，具有佛法正確知識與見地的人，面對死亡不僅不會害怕，甚至願意積極面對——因為這將是自己可以超越生死的重要機會。

當「肉身」死亡之後，「意識身」就會隨業力的牽引而投生到下一個地方。

沒有自主力的眾生，通常就在六道輪迴中的不同所在，反覆投生受苦；然而，投生也有極好的去處，那就是求生諸佛的淨土。

有朋友問我：「連杰啊，你最近在忙什麼呢？」

我說：「我忙著移民啊。」朋友不解地問：「你不是住得好好的嗎？怎麼又要移民呢？」我笑著回答：「我是忙著移民到阿彌陀佛的極樂世界啊！」

「最高階段的，去了極樂世界可以直接面見阿彌陀佛的人，就像是拿了極樂世界的護照。次一個階段的，也能拿綠卡，再慢慢累積申請護照的資格。再次一個階段的，也還能拿簽證，先去了再說。」

「而且，準備這個移民，有正資產很好，若是負資產的也行，只要你一心不亂地念『阿彌陀佛』就可以去！門檻不用很高，只要對阿彌陀佛有堅定的信心，還有對極樂世界強烈的嚮往，發願一定要去，就可以成了！」

所有的淨土中，以阿彌陀佛的西方極樂世界最為知名，功德也最為殊勝，因為阿彌陀佛救度眾生的慈悲心願力量極大，眾生可以帶著業力投生，而且永遠不會退回六道輪迴。這些功德利益，在《佛說阿彌陀經》中皆有記載。

既然拚盡全力也不一定能在此生開悟，那麼買一份死後往生極樂世界的保險，就顯得很有價值了。當你走到人生盡頭的那一刻，此生的一切即將與你完全無關，你所擁有的財產、所愛的人、所在乎的事情，你都將離他們而去，此生就像是一場數十年的夢境，此刻，唯有下一站的去處是你最該關心的；也可以說今生就是走向來世的過程。如果在這個時候，你擁有一份前往極樂淨土的保險，這肯定是你在人間最好的投資了。

李連杰尋找李連杰

超越生死

Beyond Life And Death

Jet Li Looking for Jet Li

相片集

羅貢桑仁波切到洛杉磯家中傳法，2000年4月。

第一次入藏，左為羅貢桑仁波切，右為西然朋措上師，2001年。

第一次到巴麥寺，在尼師寺院中的儀式，2001年。

與第二世巴麥欽哲仁波切，2001年。

入藏學破瓦法，與羅貢桑仁波切在三江源頭，2003年。

拜會聖嚴法師，2005 年。

在臺北拜會證嚴法師，2003 年。

在美國舊金山拜見宗薩仁波切，左起 Vincent、May 姐、仁波切、李連杰夫婦，2003 年。

第二次拜見法王噶瑪巴，與向先生家人及朋友，2005 年。

在印度拜見法王噶瑪巴，2003 年。

與索達吉堪布在北京偶遇，堪布贈送隨身的《金剛經》鼓勵努力修行，2010 年。

邀請第 41 任薩迦法王到新加坡家裡。當時新加坡薩迦中心舉辦阿彌陀佛法會，2011 年。

邀請明就仁波切第一次到新加坡家裡傳阿彌陀佛灌頂，2011 年。

香港回歸十五週年，第三屆佛教大會，恰逢李連杰生日，2012 年。

與宗薩仁波切於溫哥華，2011 年。

與慈誠羅珠堪布在藏區修行，2014 年。

與第 37 任直貢法王在新加坡，2014 年 5 月。

拜會法鼓山方丈果東法師，2015 年。

在泰錫度仁波切住處共進早餐，2016 年 1 月。

在臺灣與措尼仁波切共餐，請仁波切幫忙尋找大圓滿灌頂的上師，2015 年底。

在印度領受揚唐仁波切的大圓滿四灌頂，2016 年。

參與五臺山文殊洞舉辦的繞山及淨山活動，2016 年。

與普興法師，2003 年初次見面，2016 年再次見面，法師時任文殊洞住持和尚。

朝禮普陀山，與會長（右）、副會長（左），2016 年。

朝禮終南山律宗祖庭，
文同意在寺閉關修行。
過很深的山路到達閉
房，2016 年。

生日當天在五臺山點燈供佛，2016 年 4 月 26 日。

朝禮五臺山，與會長合影，2016 年 4 月。

朝禮峨嵋山金頂，2016 年。

與四川樂山大佛寺院住持，2016 年。

朝禮九華山，與副會長，2016 年。

朝禮江蘇南京佛頂宮，2016 年。

在浙江永福寺與月真法師，2016 年。

尼泊爾閉關之前，與頂果揚希，2017 年初。

不丹朝聖，攝於頂果欽哲仁波切寢殿，2017 年初。

在措尼仁波切寺院，
2017 年。

與秋吉尼瑪仁波切，2017 年。

在尼泊爾蓮師 Asura 山洞閉關修行時，巧
遇三年及六年閉關出關喇嘛，2017 年。

與慈克秋林仁波切，2017 年。

朝禮扎答法王法體，與 Asura 洞窟管
家喇嘛，2017 年。

尼泊爾蓮師聖地 Asura 洞窟禪修，為世
界點燈祈福，2017 年。

慈誠羅珠堪布造訪新加坡傳法，2017 年。

第三次上五臺山（北臺），2017 年。

在慈誠羅珠堪布指導下閉關，位於海拔 4200 公尺的四川藏區，2017 年。

在尼泊爾明就仁波切住處，這是仁波切結束遊方閉關之後第一次見面，2017 年。

在泰國拜見多竹千法王，2017 年。

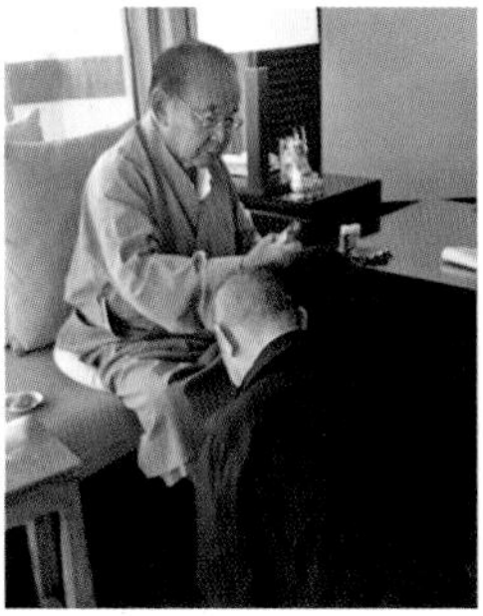

與索甲仁波切第二次見面，開始學〈椎擊三要〉，2017 年。

第一次跟索甲仁波切見面，曼谷，2017 年。

尼泊爾拜訪扎答法王女兒，2017 年。

朝禮西藏拉薩大昭寺的覺沃佛，2018 年。

與慈誠羅珠堪布合影，2018 年。

在成都與慈誠羅珠堪布合影，於企業家分享會的後臺，2018 年。

與第三世巴麥欽哲仁波切，2019 年。

與明就仁波切合影，2018 年。

藏區閉關，上師教導完心性之後在戶外所拍的照片（一），2018 年。

藏區閉關，上師教導完心性之後在戶外所拍的照片（二），2018 年。

青海玉樹，在蓮師搭建的佛塔前方，2019 年。

在秋英多傑大師全身舍利塔外，2019 年。

朝禮秋英多傑大師的全身舍利，以及在壇前修法，2019 年。

青海玉樹的薩迦寺院，感恩賽班活佛對玉樹震災的幫助，2019 年。

跟隨西然朋措上師閉關，2019 年。

看望巴麥寺小喇嘛們，背景是巴麥寺佛學院，2019 年。

巴麥寺山頂禪坐，2019 年。

閉關中，宗薩仁波切來新加坡探視，2021 年。

與小女兒在美國威斯康辛州參加明就仁波切的皈依與白度母灌頂法會，2022 年 6 月 5 日。

索甲仁波切所創辦的法國南部雷瑞林寺，2022 年 8 月。

與寧瑪派的堪千南卓及小女兒在雷瑞林寺合影，2022 年 8 月。

與小女兒在雷瑞林寺，2022 年 8 月。

與宗薩仁波切談《心經》，2022 年 9 月 25 日於新加坡。

【結語】
祈願與感恩

從一九九七年至今，二十五個學習佛法的年頭，歷經了最先七年，關注小我的懵懂摸索；接著進入第二個七年，追求大我的公益事業；再進入第三個七年，走入無我的修持之路；以及接續四年至今的陸續閉關修持，本書所呈獻的個人故事與思考課題，就是我追尋超越生死的軌跡。

我祈願沒有信仰的朋友，都能見到世事的兩面，使思惟更加寬廣；一旦知道了事物的兩面，就能逐漸訓練自己去接受，那些原本不被待見的那一面，其實也是「正常」的整體。

我祈願有信仰的朋友，特別是佛弟子，不論哪一個宗派，都更加精進，透過相對的修持而超越相對，解脫輪迴的痛苦，究竟成佛。

有些學佛的朋友特別喜愛佛教的文化氣息，沉浸在溫暖關懷與各式美好的氣氛中。若以超越到生死的彼岸來說，這就像搭上一艘豪華郵輪，旅程將比搭乘飛機來得慢，但相對溫和舒適許多。

我祈願諸位追求解脫的目標清晰明確，不眷戀作為接駁工具的舟船。

在近十餘年裡，陸續有十幾位上師圓寂，在我即將邁入六十歲的時刻，希望盡可能地將我從上師處得到的經驗與感動分享出來。

我祈願在世的上師長壽住世，已圓寂的上師乘願再來。

我自兩歲起就沒了父親，母親每個月的微薄薪水難以支持全家開銷，有賴政府的補助，我們才能為繼。十一歲之後，我有了正式的工作，可以繼續習武，補貼食宿工資。感恩國家對我的栽培，感恩武術老師吳彬與歷來所有老師與前輩對我的教導，感恩張鑫炎與徐克兩位導演。

在公益事業上，從最初我個人的發願，至今（二〇二二年年底）有超過八十二億人次的捐贈支持與信任託付，累積超過三十六億人民幣善款，幫助超過三千六百萬人次改善困境，感恩壹基金歷來所有的工作伙伴、志願者與捐助者。感謝壹基金一家人。

感謝太太一路走來的相知相愛、互相扶持，從夫妻昇華到同修。感謝四個女兒的理解與支持。感恩向太太自始至終的鼎力相助，不論學佛、推廣佛法、公益事業，她都出錢出力。感恩小萍姐，當年忽然被我拜託照顧羅貢桑仁波切，後來變成同門師兄弟，二十年來全心全力照顧仁波切直到圓寂。感恩Vincent在工作與佛法上提供的助緣與陪伴。感恩May姐不遺餘力地提供我所需的佛法資源。感恩姚仁喜居士的協助與對宗薩仁波切法教推廣的貢獻。

在求法的道路上，最要感謝上師們的啟發與教導，以及僧眾的陪伴與支援，沒有他們，我就沒有學法的機會。囿於篇幅，書中所提故事僅是學佛二十五年以來的部分；在書寫之外，還有許多尊敬的上師與法師，他們都曾給我佛法的恩澤。

諸如漢傳佛教中，在臺灣的慈濟證嚴法師、佛光山星雲法師、法鼓山果東法師，大陸的普陀山、五臺山、九華山、峨嵋山、南普陀山等諸山佛教會正副會長，樂山大佛寺、六祖南華寺、律宗祖庭淨業寺等諸山住持方丈與法師，永福寺月真法師、翠峰寺印剛法師等。以及藏傳佛教的上師：十一世班禪喇嘛，桑耶寺、大昭寺、塔爾寺、五明佛學院、巴麥寺、土登寺等寺院的上師，還有堪布索達吉、噶瑪噶舉的創古仁波切等，及與一切曾於我有緣的善知識。

生命中有這麼多恩人，幫助我走到今天，僅以此書表達對這一切的感謝。

【後記】難忘的二〇二二年聖誕節

因緣如此奇妙！

二〇二二年的春天，因為帶著小女兒在美國與歐洲向明就仁波切學法，從而萌生了寫作本書的念頭。同年夏天，我正如火如荼地組織本書的內容時，宗薩仁波切忽然邀請我在新加坡與談《心經》，恰好成為本書因緣的神來一筆！這一切未經安排，自然而成。本書實是在諸上師的加持之下完成的。

小女兒在美國與歐洲的求法之旅，逐漸打開了心中的門，也找到了內在生命的歸宿。隨後，她遵從明就仁波切的指導，按部就班地學習佛法與禪修。

這一年的聖誕節暨新年假期，我們一家人規劃前往尼泊爾朝聖。小女兒也約了大女兒一起，圓滿了明就仁波切指導的開心禪課程。從二十四號平安夜到二十八號，明就仁波切利用他個人的時間，為家人每天講課，這份慈悲令我感恩與難忘。

猶記二〇一〇年初，有幸經過直貢法王的介紹，迎請努巴仁波切（Nubpa Rinpoche）到新加坡家裡，在佛堂舉辦開光法會。以是因緣，這一次我們全家到尼泊爾朝聖時，也把握機會去拜見努巴仁波切。

小女兒聽從明就仁波切的建議，向努巴仁波切請求傳授直貢噶舉傳承的「大手印五支道」（Five-fold Mahamudra path）。傳法之後，努巴仁波切反過來說：「我要以長壽咒的口傳供養你們。」

努巴仁波切給完口傳，隨即將他手上長年念誦的長壽儀軌包裹起來，並加上一尊白度母佛像，送給了小女兒。

在場的所有人都非常驚訝！尤其是小女兒，這突如其來的加持禮物，讓她受寵若驚，開心得不得了！努巴仁波切請小女兒答應他：「一定要學藏文，以後用藏文弘揚佛法」。仁波切認為學習藏傳佛法，唯有從原文下手，學到的內容才不會有翻譯的偏誤。

努巴仁波切告訴我們這本長壽儀軌的故事：仁波切小時候在寺廟辦法會時，收到了一份供養，仁波切的上師允許他保留這份供養，但是必須從即日起不斷念誦這一份長壽儀軌。努巴仁波切笑著說：「我今年八十一歲了，不知道是不是因為長年修持這一份長壽儀軌的緣故。」

小女兒在七歲就有憂鬱症的徵兆，多年來雖有醫療協助改善，仍飽受憂鬱及焦慮之苦，很不快樂，但是在這九個月的學法與禪修之後，竟然有這麼大的轉變，好像重新擁有一個新的人生。

我見證了這個巨大的轉變，身為她的父親，我感到無限安慰，身為她的求法同學，我感到無限隨喜。我因為她的快樂而快樂，所以在此，我也願將這份歡喜分享給你，並致上我最誠摯的祝福。

李連杰

二〇二三年一月於新加坡

【附錄】

與宗薩欽哲仁波切談《心經》

時間：二〇二二年九月二十五日，9:30至11:30

地點：新加坡Grand Copthorne Waterfront Hotel（Waterfront Ballroom）

爲慶祝《甘珠爾》經典的英譯數量達到歷史里程碑，「八萬四千・佛典傳譯」與「悉達多本願會」於二〇二二年九月在新加坡共同舉辦了以《心經》為主題的慶典活動。於系列活動中，宗薩欽哲仁波切與李連杰先生以《心經》為題的對談為其中一項活動。

宗薩仁波切：

在一九八〇年代，我的老師們非常嚴格，不允許我們看任何電影，被發現的話，會受到嚴重的懲罰。但是當《少林寺》這部電影播出的時候，就連我們的訓育主任也都跑出去偷看。我可能看了那部電影四、五次。我第一次看的時候，一個字都聽不懂，但大概理解它的故事。電影沒有字幕，演員講的都是中文，但小和尚們對這部電影的那種興奮，我很同情、也很理解。因為大家看佛教，多數時候總覺得它很沉悶，就是坐在那裡持誦些什麼，然後整天在講無常。而我們看到這麼一個年輕的和尚，在銀幕上跳來跳去，對當時我們這些小和尚，甚至還有很多其他人，都是很大的啓發。

過了很多年，我開始翻譯佛典的事業。儘管這樣說可能會讓我看起來好像很驕傲、很自大、很自誇，但我還是必須說，我感到很高興，我們的翻譯能夠去到一些默默無聞的國家，還能夠去到像是蘇丹、沙烏地阿拉伯等這些我們認爲不可能接觸佛法的國家。最不可思議的是，當年電影裡那個年輕的少林和尚，在現實生活中他不僅僅接觸到「八萬四千・佛典傳譯」，他還成爲我們其中一位最主要的護持者。

我特別高興你沒有出家。請你繼續保持這個樣子，繼續用這個方式，讓更多人得以接觸佛法。

李連杰：

我會的，謝謝！

宗薩仁波切：

我們應該講一些關於《心經》的事情。我發現在華人的社會中，佛經已經融入中華文化。大約五年前，有人邀請我去雲南，我到一個非常大、非常豪華的度假村，它坐落在茶園之中。我住在那邊的時間不多，就一個晚上。那邊有很多設施，是個很漂亮的地方，我在那裡到處閒逛。在許多的健康設施中，諸如健身房、桑拿、蒸汽浴室，居然有一個房間，它裡面有紙、有筆、有墨水，讓人們抄寫《心經》。當時我想，這真是一個好主意！有很多人可能未必了解《心經》，但是他們單單開始抄寫《心經》，這樣的一個過程，在佛教而言，是非常好的。

我想問李先生，你第一次遇見《心經》是什麼時候呢？

李連杰：

應該是拍電影《少林寺》的時候，那時候我十七歲。

我小的時候整天練武術，每天練八個小時，所以沒有認識太多字。但是我們看到《心經》時，大家都可以隨口說上一句：「色即是空，空即是色，色不異空，空不異色」，每個人都會背這四句。雖然我不知道是什麼意思，但我覺得很酷。甚至，當我的妻子將兩個女兒送去暑期學校，學生們被要求背《心經》，他們很快就會背了。

宗薩仁波切：

有一位偉大的印度學者「月稱菩薩」，當他被問到：「空性或者般若波羅蜜多，應當教給誰呢？」他說，不是教那些聰明、讀很多書、很有邏輯性思維、很科學的那類人，而是要教那些，一旦聽到「空性」或者「般若波羅蜜多」這些字眼的時候，有一種感覺，他的眼睛泛起淚水，或全身起雞皮疙瘩這樣的人。

所以如你所說的，雖然什麼「無眼、無耳」似乎沒什麼道理，但是你聽了以後感覺很不錯，看來應該是跟般若智慧有很深遠的一種連結。

我要跟你談武術。首先問一下，我還有沒有機會習武？

李連杰：

當然。當人們說：「我能不能學武術或者功夫？」我都會說明習武有四個目標：第一個是做運動員，要拿冠軍；第二個是學功夫，爲了當演員、上臺表演；第三個是爲了健康；第四個是競技，這就有兩種類型，一個是在有規則的擂臺上互相搏鬥，另外一個是當兵打仗。目標不一樣，練的方法就不一樣。仁波切想學健身的？還是打架的？

宗薩仁波切：

其實，我不覺得我需要學習怎麼演戲，因爲我是這世界上最好的演員（眾笑）。我現在應該獲得好幾個奧斯卡獎項。我整天扮演神的角色，白天黑夜都是這樣，對著不同的人扮演這個角色，還相當成功。

我認真說，有時候我真的想學一學武術。誠如我之前所言，佛教給人的印象總是非常嚴肅、坐著、整天在森林裡講出離心。你告訴過我，中國武術有很多傳承，其中一個重要的傳承來自少林寺，它跟菩提達摩有關係。菩提達摩祖師是一位很偉大的禪師、一位偉大的大乘法師，我認爲這個角度很重要，我們佛教徒應該嘗試去持續推廣保存。

我很喜歡佛教中很多樣貌平靜祥和的菩薩，諸如觀音菩薩、地藏菩薩這類；同時我們也有菩提達摩，他瞪著大眼睛，全身都是肌肉。其實這也是一種方便法門。

請簡短地告訴我們：你怎麼學習武術功夫？你幾點起床？幾點睡覺？你的老師是否對你非常嚴格？

李連杰：

在一九七〇年代，我家裡其實很窮，父親在我兩歲時就過世了，我之上還有兩個姐姐、兩個哥哥。因為太窮了，所以在我八歲的時候，他們就送我去學武。如果能夠學得好，政府就會供你吃穿住宿。

所以在我八歲的時候就開始努力練習，因爲家裡窮，希望減輕一些家中的負擔。很快我就知道，也許我上輩子、上上輩子就練過了。練著練著，九歲時成績就很好了，十一歲就拿到冠軍。

基本上從九歲、十歲開始，每天進行八個小時的訓練。沒有文化學習（的課程），每天從早到晚紮紮實實訓練八小時。因爲練得太苦了，我在三十多歲的時候，還經常做噩夢。（夢中）教練會喊：「起來！練功、練功！」但是我很感恩國家培養了我，讓我有機會代表中國，在一九七四年到一九七九年之間，去了全球四十多個國家表演武術。

我覺得最開心的就是，從小因爲練武術，知道需要進攻與防守，所以對陰和陽就有了基本的認識。我從小就有一個觀念：「這個世界上沒有百分之百的好，也沒有百分之百的壞」，陰和陽裡頭，白裡有個黑，黑裡有個白，它們永遠都在改變中。

你想想，一個十一歲的孩子，在一九七〇年代的中國，只有一種雪糕、一種汽水，大家都說這是最好的。但是當這個小孩到了美國，發現有三十多種汽水、三十多種雪糕，要你說這是不好的？我不能說，但我心裡會想一想。因爲知道了世界上的事物不完全好也不完全壞，這對我認識生命有很大的幫助。我想更進一步地，從「太極」再往後找，找到「無極」，但是很難找到。當我三十多歲的時候，才從Buddha（佛）那裡開始找。經過了這麼多年，發現佛法是可以幫助我去超越的，超越陰陽之後，進入了《心經》的境界。

其實《少林寺》這部電影對中國影響很大。四十年了，千萬別告訴我你看過，否則你就暴露了年齡啦！這些年來，有上百萬名年輕人學過少林的功夫，但是這也有一些遺憾。我經常會想，達摩祖師肯定不是只爲了打架、打人而教這些。他在那個洞當中打坐很久，之後在洞中舒筋活血，這對氣脈明點一定很有幫助。

在我小的時候，就聽說少林寺有兩個很厲害的人，一個叫「哼」一個叫「哈」。我當時找了半天，到底誰是哼？誰是哈？

「哼！」「哈！」（李連杰大聲當場喊出此二字）

我覺得這是非常好的，在覺知的情況下，（這樣忽然的巨響）斷了你的連續念頭。電影裡面有好的影響，有時也有壞的影響。當我看了越來越多的電影之後，發現大家在電影裡聽到的是「哼哈、哼哈」（一般音量）。為什麼？他們可能認爲很酷，但不代表這真的很酷。有一點點失去了少林拳在幫助認知相對的生命和自我。這個東西丟失了很多。

宗薩仁波切：

你經歷過非常嚴格的訓練，很有紀律的訓練，看起來這讓你變得很堅韌。你接觸過道家，瞭解陰和陽、好和壞之間的矛盾與悖論，讓你的生命更加開闊。

你覺得，像你這種堅韌與開闊的胸襟，在現代的世界，包括中國、新加坡等地，是否還有呢？因爲現在有很多這種認為非黑即白、唯一定論、其他方法都不正確的認知。有太多這樣的情況了。

李連杰：

我相信有，但不是很多，所以我才會很努力地希望跟朋友與年輕的朋友分享。其實不管是從中國文化還是佛教來看，在相對層次尋找真相，對生活還是非常有幫助的。多數人覺得生命沒有什麼安全感，所以積極追求「名、利、權、情」當作安全感的來源。然而，即便有了這四樣東西，也解決不了「生、老、病、死」。

宗薩仁波切：

你不一定要回答，我只是好奇。當年發生海嘯的時候，我正在倫敦機場，要飛往印度去。發生海嘯之後，到處都很混亂。過了一兩天，我聽說你因爲海嘯，被困在好像是在泰國的某個地方？然後你救了你的孩子？可能我聽到是錯誤的，但你願意跟我們分享一下嗎？

李連杰：

二〇〇四年十二月二十六號，聖誕節假期的時候，我跟家人和朋友——其實不是在泰國，而是馬爾地夫。

當日早晨我感覺到有地震。我經歷過很多地震，所以不覺得有什麼異常。十點的時候，我帶兩個孩子到海邊。然後我們就看見海浪像漲潮一樣，（海嘯）並不像電影那麼誇張，其實它就像這樣就過來了。

我們當時還覺得很好玩，怎麼不是晚上漲潮？怎麼現在漲了？第一個浪就打到我的膝蓋。我馬上抱起四歲的大女兒，阿姨抱起了一歲的小女兒。第二個浪就到我的腰，所以當我轉身的時候，其實已經不容易走了，像是漂在水裡。第三個浪已經淹到這裡了（胸口），我就把四歲的女兒放在肩膀上。

我正鬆手要將女兒放過來，阿姨和小女兒就被海浪給沖走了。我眼睜睜看著，第三、第四個浪高已經到達我的嘴了。完全沒有機會念「色即是空，空即是色」。我沒有救我的女兒，根本沒有機會。站在海裡頭，我已經要踮起腳尖了，手就這麼舉著。我不知道第五個浪要是來了會怎麼樣。

由於酒店的工作人員想跟我合照，所以他們早先就跟著過來，最後是他們救了我的孩子，不是我救了我的女兒。在大自然面前，什麼功夫、什麼東西都是很渺小的，沒有任何力量，完全無法抵抗。

後來大家都說：「因爲這樣，你改變了對生命的看法。」其實，我一直沒有機會講——當然不是了。若你曾面對過死亡，發現生命短暫，更應該趕快吃喝玩樂，對吧？

我很感恩，在遇到海嘯之前的七年，我對佛法進行了基本的聞思修，還遇見了很多的上師和老師，教我透過佛法認識生命。我有時候想，生死的修行就像是鋪電線、裝電燈，死亡的剎那馬上要將燈點亮，這樣的感覺。即便學了「無常」很多很多遍，看了很多很多的書，你也不會有親身感受的轉變。

在這個層次來說，我們追逐的名利權情都是無效的，因爲面對死亡時人人平等。當晚我在禪修的時候，我便覺得，我要付出，我要改變我的生命，重寫我生命的劇本，來感恩這塊土地，感恩我的民族社會。我因此創立「壹基金」，脈絡是這樣的。

當然，宗薩仁波切也教育我了，對吧？要我不要光去躲在山裡禪修。作爲一個大乘的佛教徒，我努力地發願，去創立「壹基金」。經過很多人的努力，經過非常艱苦的過程，才能在過去的十五年裡，幫助了兩千五百萬人。更重要的是，既然我們的心裡都有佛性，我們的菩提心要被發展出來，那麼，每個人都做一點點，持續地做，這對大家都是有幫助的。

很多人罵我：「既然這樣，你捐了自己的錢不就完了嗎？幹嘛要我的一塊錢？」因爲我是一個有信仰的人，我希望每個人種下自己的善業。我非常感謝國家的支持，還有所有參與這個行動的人。十五年來，迄二〇二二年上半年有七十億人次參與捐助，還有許多的志願者，這就是我渴望的大乘發心，每個人幫助別人，同時也幫助自己。

＊感謝新加坡【八萬四千・佛典傳譯】悉達多本願會公開對談原始逐字稿，本文進行文字編修。

國家圖書館出版品預行編目資料

超越生死：李連杰尋找李連杰/李連杰作. -- 初版. -
臺北市：聯合文學出版社股份有限公司, 2023.10
328面；14.8×21公分. --（人物；019）
ISBN 978-986-323-571-2（精裝）
ISBN 978-986-323-572-9（平裝）
1.CST: 李連杰 2.CST: 傳記
782.887 112016237

人物 019

超越生死：李連杰尋找李連杰

作　　者／李連杰
發 行 人／張寶琴

總 編 輯／周昭翡
主　　編／蕭仁豪
編　　輯／林劭璜　王譽潤
資深美編／戴榮芝
業務部總經理／李文吉
發行助理／林昇儒
財 務 部／趙玉瑩　韋秀英
人事行政組／李懷瑩
版權管理／蕭仁豪

法律顧問／理律法律事務所
陳長文律師、蔣大中律師

出 版 者／聯合文學出版社股份有限公司
地　　址／(110)臺北市基隆路一段178號10樓
電　　話／(02)27666759轉5107
傳　　真／(02)27567914
郵撥帳號／17623526 聯合文學出版社股份有限公司
登 記 證／行政院新聞局局版臺業字第6109號
網　　址／http://unitas.udngroup.com.tw
E-mail:unitas@udngroup.com.tw

印 刷 廠／沐春行銷創意有限公司
總 經 銷／聯合發行股份有限公司
地　　址／(231)新北市新店區寶橋路235巷6弄6號2樓
電　　話／(02)29178022

出版日期／2023年10月　初版
定　　價／400元

ISBN 978-986-323-572-9（平裝）